重庆人文科技学院
课程思政示范
课程案例集

王　璐　王改改　陈滢生　主编

SWUP
西南大学出版社
国家一级出版社　全国百佳图书出版单位

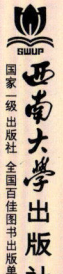

图书在版编目(CIP)数据

重庆人文科技学院课程思政示范课程案例集 / 王璐,王改改,陈滢生主编. -- 重庆 : 西南大学出版社, 2025.4. -- ISBN 978-7-5697-2059-4

Ⅰ. G641

中国国家版本馆CIP数据核字第20255NT767号

重庆人文科技学院课程思政示范课程案例集
CHONGQING RENWEN KEJI XUEYUAN KECHENG SIZHENG SHIFAN KECHENG ANLIJI

王　璐　王改改　陈滢生　主编

责任编辑	吴　欢
责任校对	向集遂
装帧设计	闰江文化
排　　版	王　兴
出版发行	西南大学出版社(原西南师范大学出版社)
	地址 : 重庆市北碚区天生路2号
	邮编 : 400715
	电话 : 023-68254356(高等教育分社) 023-68868624(市场营销部)
印　　刷	重庆亘鑫印务有限公司
成品尺寸	185 mm×260 mm
印　　张	10
字　　数	177千字
版　　次	2025年4月 第1版
印　　次	2025年4月 第1次印刷
书　　号	ISBN 978-7-5697-2059-4
定　　价	68.00元

前言

2016年，习近平总书记在全国高校思想政治（简称"思政"）工作会议上强调，高校思想政治工作关系高校培养什么样的人、如何培养人以及为谁培养人这个根本问题。要坚持把立德树人作为中心环节，坚持把思想政治工作贯穿教育教学全过程，实现全程育人、全方位育人。要用好课堂教学这个主渠道，思想政治理论课就要坚持在改进中加强，提升思想政治教育亲和力和针对性，满足学生成长发展需求和期待，其他各门课都要守好一段渠、种好责任田，使各类课程与思想政治理论课同向同行，形成协同效应。

教育部《高等学校课程思政建设指导纲要》指出，全面推进课程思政建设是落实立德树人根本任务的战略举措，这一战略举措，影响甚至决定着接班人问题，影响甚至决定着国家长治久安，影响甚至决定着民族复兴和国家崛起。要紧紧围绕国家和区域发展需求，结合学校发展定位和人才培养目标，构建全面覆盖、类型丰富、层次递进、相互支撑的课程思政体系。同时要求加强示范引领面向不同层次高校、不同学科专业、不同类型课程，持续深入抓典型、树标杆、推经验，形成规模、形成范式、形成体系。

为深入贯彻习近平总书记关于教育的重要论述，认真落实中共中央办公厅、国务院办公厅《关于深化新时代学校思想政治理论课改革创新的若干意见》，教育部《高等学校课程思政建设指导纲要》和中共重庆市委教育工作委员会《重庆市高等学校课程思政建设行动计划（2021-2025）》，重庆人文科技学院先后出台《落实高校思想政治工作质量提升工程实施纲要工作方案》《"课程思政"实施方案（暂行）》《关于进一步推进课程思政建设的行动计划（2021-2025）》，校务会、党委会等召开专题会议研究课程思政，成立课程思政教学研究中心，着力构建课程思政教育体系。

2021年7月，学校成功入选重庆市民办高校"三全育人"综合改革试点学校，学校强力推进思政课程"三三三三"模式改革试点，暨"三融合"建设目标（专业基础+能力培养+价值引领）、"三联动"协同机制（专业教师+思政教师+基层党组织）、"三个专项"提升教师育人能力（专项教研+专项培训+专项评价）、"三类精品"加强示范引领（课程思政优秀基层教学组织+课程思政示范项目+课程思政优秀案例），大力推进课程思政典型选树，强化示范带动作用，立项校级"课程思政示范课程"96门，"课程思政教学团队"96个；市级课程思政示范课程9门、课程思政教学团队9个、课程思政教学名师55人；立项校级课程思政教改项目19个，市级课程思政教改项目22个，荣获重庆市课程思政与思政课程（学科德育）优秀案例及论文奖12项，2门课程获重庆市民族团结进步教育优质课二等奖，1门课程获重庆市民族团结进步教育优质课一等奖。在上述示范课程的基础上，本书精选了30门课程编辑出版，选编的案例涵盖了学校不同学科、不同专业类。

本书是学校"三全育人"综合改革试点学校项目"课程育人"项目成果之一。

编者

目录

"悟智慧人生,育家国情怀"
　　——马克思主义哲学课程思政教学设计与实践……001

家国情怀滋长的土壤
　　——刑法学(上册·总论)课程思政示范案例……007

课程思政视域下学前儿童社会教育教学改革与实践……012

缅怀中国幼教先驱,勇担幼儿教育重任
　　——陈鹤琴的学前教育思想课程思政教学案例……015

"三全育人"视域下学前卫生学课程思政的实践与探索……022

"六位一体"
　　——中国古代文学课程思政教学实践……029

中国传统文化的重新建构
　　——《史记》选讲课程思政设计与实践……034

中国现代小说精读课程思政教学探索……038

基于兴趣的语言规范自觉与文化传承自信
　　——生活中的语言学课程思政建设与实践……042

文化翻译中课程思政体现
　　——英汉翻译基础课程设计案例……045

通晓中外文化,增强民族自信
　　——大学英语(跨文化交际)课程思政教学案例……051

云游知天下　研学增自信
　　——带上文化去旅行课程思政教学案例……055

社会保障概论课程思政教学案例……060

责任融于技术,技术支撑责任

  ——物流管理基础课程思政设计与实践……065

"增美学素养,促文化自信"

  ——旅游美学课程思政实践……069

互换性与测量技术基础课程思政教学案例……074

格物致知 传承发展 育人育心

  ——大学物理课程思政教学案例……078

数学专业导论课程思政教学案例……084

树立科学自信 激发科技报国

  ——计算机导论课程思政探索与实践……088

软件测试课程构建"知识点—思政元素—项目实践"三位一体课程思政教学模式的探索与实践……093

"匠心浇筑,润物无声"

  ——园林史课程思政设计与实践……098

人地共生

  ——生态土壤环境设计课程思政设计与实践……103

"以专业之能服务乡村"

  ——园林专业外出调研课程思政建设……107

水光山色与人好,说不尽,无穷好

  ——滨水景观设计课程思政示范案例……112

促文化传承,立素养修身

  ——家居空间设计课程思政实践……115

以成果为导向的护理学导论课程思政建设……118

守初心·凝特色·强品牌

  ——电视纪录片制作课程思政示范案例……122

基于可持续发展的"三线五维四面"钢琴教学法教学改革探索与实践……128

民族民间舞课程思政示范案例……137

中国声乐艺术之旅课程思政示范案例……142

"悟智慧人生，育家国情怀"
——马克思主义哲学课程思政教学设计与实践

课程负责人｜陈德燕

一 课程思政建设目标

1.课程思政总体设计思路

如图1所示，立足于思想政治教育专业人才培养方案和课程大纲，在对课程整体设计的基础上，根据知识点和技能点挖掘课程思政元素，设计融入方式，搜集课程思政典型素材，形成可执行的课程思政教学设计，在组织实施与评价反思中不断完善。

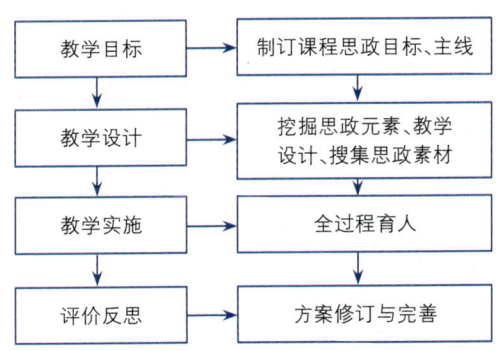

图1　课程思政整体设计流程

2.课程思政目标

在对课程的整体设计、课程知识点所蕴含的思政元素进行梳理的基础上，凝练成"个人素质、职业素养、理想信念"三个层面的课程思政培养目标（图2），成为课程思政主线，并将做人做事的基本道理、教师职业道德和行为规范、社会主义核心价值观、实现民族复兴的理想和责任,分层次、有计划、潜移默化地融入教学全过程。

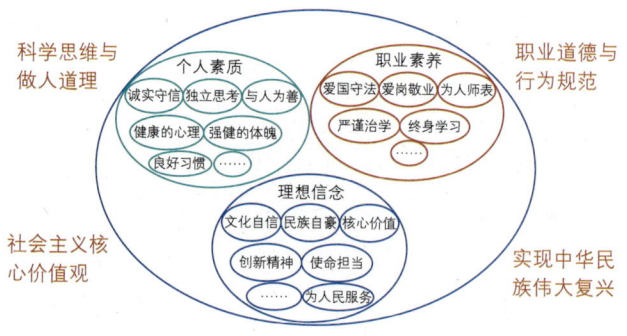

图2　课程思政培养目标

（二）课程思政建设模式和方法途径

课程思政建设贯彻"全过程育人"理念,按照课程项目方案进行教学,遵循教学相长规律,不同的年级侧重点有所不同,并将育人理念贯穿课堂教学"课前、课中、课后"全过程。(图3)

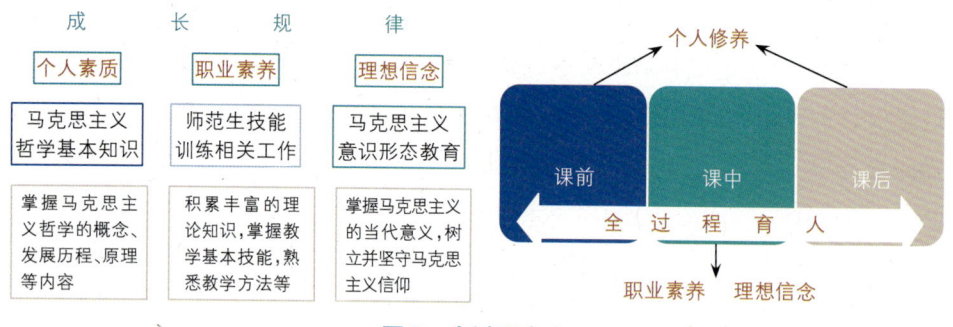

图3　全过程育人

（三）课程建设目标融入课程教学情况

课前,重点培养学生自主探究、独立思考的能力,激发学生学习兴趣,借助网络资源和教学平台,发布任务,设置讨论话题,进行直播讨论,对即将开展的教学内容进行启发引导。

课中,采用课堂讲授、讨论、案例分析等教学方法,详细设计知识所蕴含的思政元素,搜集典型素材,探究课程思政的实施途径,将价值塑造潜移默化地融入教学。思政素材紧扣目标,传承革命先辈"热爱祖国、忠诚事业、艰苦奋斗、无私奉献"的伟大精神，体现新时代的精神内涵。本课程对应的思政目标采用的典型思政素材类型、思政素材如表1所示，体现了马克思主义理论历史发展、马克思主义中国化伟大成果、马克思主义继承者蕴含的信仰精神和高贵品质等。

表1

思政目标	典型思政素材类型	思政素材
激发学习兴趣，培养科学的思维方式	马克思主义理论发展的历史	马克思主义发展史影视资料
弘扬中华民族奋斗精神，坚持文化自信	马克思主义中国化的伟大成果	改革开放成果资料
坚定马克思主义信仰	马克思主义继承者们	马克思传，恩格斯传，列宁传，毛泽东选集等文献资料
激发学生的爱国情怀，增强担当意识	社会热点，先进人物事迹	张桂梅先进事迹，时代楷模黄大年等先进人物资料
培养学生的法治意识，了解教师行业法律规范、职业规范	教师行业法规、国家行业标准	《中华人民共和国义务教育法》《中华人民共和国教师法》《中华人民共和国教育法》等
培养"严谨认真、实事求是、团结协作、敬业奉献"的职业素养	师范生技能训练	教师示范、巡回指导，学生以小组为单位完成实训任务

在实践教学环节，以工作任务为导向，指导教师全程现场指导，学生分组进行练习，在完成实践任务的同时，注重学生职业素质的培养。通过小组分工合作，培养学生团队合作、沟通交流的能力；在翻转课堂环境中培养学生严谨治学、精益求精的品质；通过教学技能的训练，培养学生实事求是、虚心求教的职业素养，增强奉献意识；在完成实训任务过程中，通过任务驱动，培养学生务实创新、解决问题的能力，增强他们的职业自豪感和社会责任感。(图4)

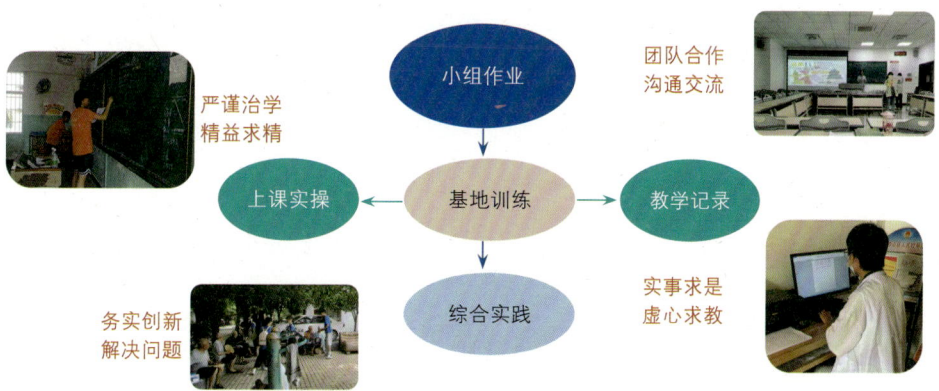

图4 实践育人

课后,教师借助教学平台发布作业和拓展学习资源,学生进行自主探究,巩固所学知识。借助QQ群、微信群、学习通、云课堂等信息技术平台进行交流,答疑解惑。教师充当学生的心灵导师,为学生解答困惑,进行心理疏导,与学生讨论社会热点事件,传递正能量,做学生的良师益友。

课程思政教学方法主要有:故事讲述法、案例分析法、言传身教法(教师)、身体力行法(学生)、职业体验法、图片欣赏法、影片观看法(观看纪录片、宣传片)等。

四 课程评价与成效

1. 课程考核评价机制与评价方式

以产教融合理念为引导,校校合作共建课程,全过程参与课程教学工作,建立校校协同、多元评价机制,即学校教师与实习基地(实习学校)导师共同制订含知识、技能、素质三方面内容的课程考核方案,包括评价内容、权重、评价方式等;课程教学评价体系由学生自评、学生互评、教师评价、实习导师评价组成,最终确定课程成绩。结合课程思政目标,以项目为载体,学生、教师、实习导师三方协同,采用线上线下相结合的方式对学生个人素质、职业素养、理想信念的养成进行全过程评价(图5)。考核表见表2。

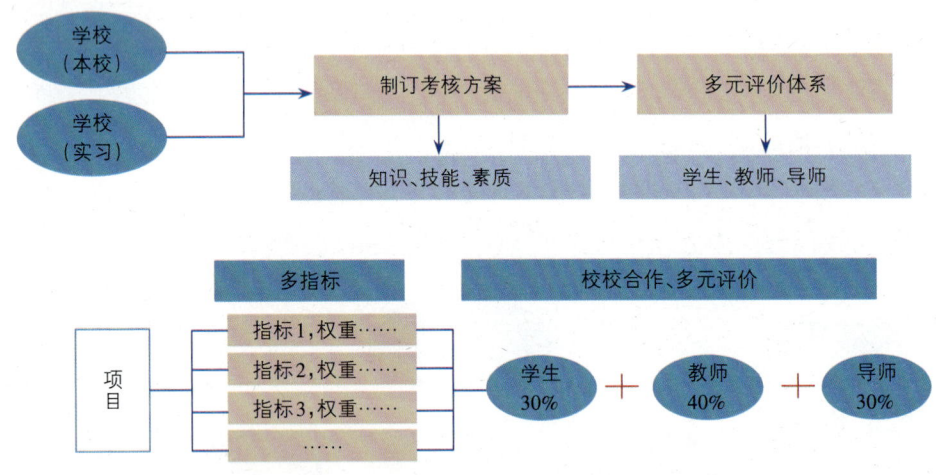

图5　课程考核评价机制与评价方式

表2 考核表

考核内容\项目	知识(35%) 内容	知识(35%) 评价方式	技能(35%) 内容	技能(35%) 评价方式	素质(30%) 内容	素质(30%) 评价方式
项目一(10%)	马克思主义哲学基础知识	线上：超星平台			学习兴趣、学习习惯、信仰教育	作业完成情况，课堂参与情况
项目二(50%)	唯物论、辩证法、认识论、实践观、历史观等	线上：超星平台	能够科学运用马克思主义哲学的基本原理	线下：以小组为单位展开技能考核	严谨治学、实事求是、认真负责、一丝不苟的精神	小组完成情况，小组合作情况，成果规范性
项目三(30%)	掌握马克思主义哲学思维和方法的科学运用	线上：超星平台	能将马克思主义哲学思维和方法运用于教学过程，掌握教师职业技能和职业道德规范	线下：实训基地进行技能展示	爱岗敬业、严谨治学、为人师表、艰苦奋斗的精神	学生自评，教师评价，导师评价
项目四(10%)	学习教师行业法律法规知识	线上：超星平台	能正确解读行业法律条文	线下：小组讨论	知法、懂法、依法教学，增强法治意识，严谨认真的态度，实事求是的精神	学习任务完成情况，小组讨论、合作情况

2.行业实习基地评价

实习基地对学生素质的评价充分体现了课程思政教育的效果。(图6)

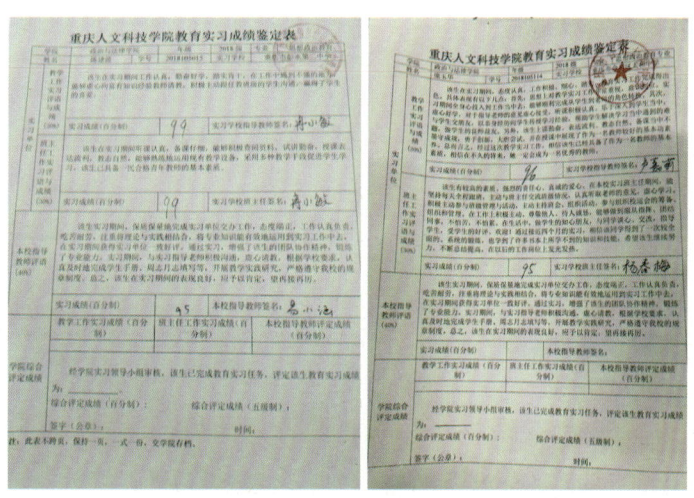

图6 实习基地对学生素质的评价

3.课程思政教学改革成效

通过课程思政改革实施,学生在个人素质、职业素养、理想信念上得到大幅度提高,主要表现在以下几个方面:

(1)学生参加师范生技能大赛的积极性提高,荣誉感明显提升。(图7)

(2)学生在技能大赛中表现出了实事求是、严谨治学、精益求精的品质。近五年多次参加市级、校级师范生技能竞赛获得奖项。

(3)在实习期间自觉遵守单位规章制度、维护校园安全、遵守行业规范规定,爱岗敬业,保质保量完成教学任务,体现了良好的职业素养。

(4)课程思政改革实施增强了学生的志愿服务精神,他们积极参加学校组织的志愿者协会、"三下乡"社会实践活动,在实践活动中培养了艰苦奋斗、无私奉献的个人素养。(图8)

图7　学生参加技能大赛

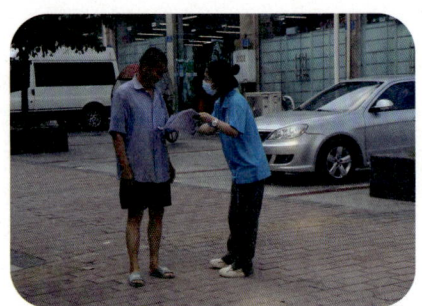
图8　学生参加普法实践活动

4.示范辐射

马克思主义哲学课程思政教学改革的实施,建立了知识、技能、素质三位一体的课程标准,课程思政整体教学设计、教案、素材库,为本专业其他课程思政教学改革提供了一点思路。

家国情怀滋长的土壤
——刑法学（上册·总论）课程思政示范案例

课程负责人｜高　袁

一　课程思政教学设计情况

本课程的学习，在帮助学生掌握刑法学基本理论的同时，也帮助学生逐步形成运用刑法学的知识思考并分析中国特色社会主义法治、法治国家建设进程中出现的相关案例与现象的能力，形成法治意识与法治理念，培养学生行孝尽忠、拥有民族精神、爱国主义及乡土观念的家国情怀。

1. 知识教学目标

了解刑法学和我国刑事立法的发展概况；明确刑法学的研究对象、研究方法及其理论体系；掌握刑法学的基本概念、基本理论以及我国刑法的基本精神和具体规定；熟识犯罪论的基本知识，犯罪构成理论及刑罚论的基本知识。使学生理解法律中蕴含的公平、正义、秩序及生命健康等权利的价值追求，坚持道路自信，坚持中国特色社会主义法治道路。

2. 能力教学目标

通过刑法学的学习，要促进学生下列能力的形成和发展：①法律事实的判断和法律逻辑推理能力；②法律思辨和语言表达能力；③制作各种司法文书的能力及卷宗阅读能力；④分析和处理简单刑事案件的能力；⑤社会交往、合作及适应能力等。要求学生逐步学会运用刑法学的知识思考并分析中国特色社会主义法治、法治国家建设进程中出现的相关案例与现象,提升文化自信,将中华传统文化的核心价值观学到骨髓里,运用到工作和生活中,孝德文化深入人心。

二 课程思政教学实践情况

刑法总论分为基础理论、犯罪论与刑罚论三大内容,在深入分析研究后,形成了将国情、家情、孝德、信义等要点融入理论教学的思政教学思路。(表1)

表1 教学思路

授课要点	思政映射与融入点	授课形式与教学方法	多元评价与课程达成
刑法的含义、调整对象与方法;刑法的产生与发展	国情:爱国主义、民族精神 例:将我国传统文化的教育融入刑法第一课中,培养爱国主义意识、科学立法意识	课前布置作业,熟悉本次讲授的内容 讲授法、案例分析法	通过学生课堂发言、课后作业的情况考查学生的掌握程度
刑法的价值与目标;刑法的基本原则;刑法的效力	国情:爱国主义、民族精神 信义:秉持诚实、守信、行义、公正、可信等原则 例:刑法基本原则中融入公平正义守信行义的理念;刑法的刑事管辖权中通过案例弘扬爱国主义的民族精神	课前布置作业,熟悉本次讲授的内容 讲授法、案例分析法案 案例:南斯拉夫大使馆轰炸案等	通过学生课堂发言、课后作业的情况考查学生的掌握程度
犯罪论(犯罪主体、犯罪客体、犯罪主观方面、犯罪客观方面等)	国情:严于律己提高公民意识 家情:家风、建设幸福家庭 孝德:爱、敬、忠 例:犯罪构成一节中结合我国国情理解刑法赋予公民权利与义务的内容;认真履行自己的相关义务,提高公民意识。正当防卫一章中以典型案例宣扬孝德文化	课前布置作业,熟悉本次讲授的内容 讲授法、案例分析法、问题导向法、热点案例演绎法 案例:于欢案等	通过学生课堂发言、课后作业的情况考查学生的掌握程度
刑罚论(刑罚的种类、制度)	国情:严于律己提高公民意识 信义:秉持诚实、守信、行义、公正、可信等原则 孝德:爱、敬、忠 例:将刑罚论的基础理论与自由、平等、公正社会主义核心价值观紧紧相扣	课前布置作业,熟悉本次讲授的内容 讲授法、案例分析法、问题导向法、热点案例演绎法	通过学生课堂发言、课后作业的情况考查学生的掌握程度

三 课程评价与成效

(一)课程评价

1.学生评价

全体教师都认真地进行学生评教、教师评教、信息收集与反馈等方面的工作,形成了自我调控的运行机制。通过组织学生座谈,对教师进行评教活动,学生对教学满意率达90%以上的,教师测评成绩为优秀。与学生考试成绩呈正态分布。

2.校内专家评价

教师以丰富的教学经验和方法使得本课程深受学校教学督导组有关专家和后续课程教师的好评。如我校督导组、汪教授等在旁听后,给予了高度的评价。认为主讲教师教学态度严谨、教学方法灵活,善于调动学生的主动思维和学习兴趣,理论与实践有效地结合。

3.校外专家评价

课程组教师于2020年至2022年期间接受了来自同行专家的观摩学习,他们对课题组成员的授课形式、考核方式和授课质量给予了较高的评价。

4.自我评价

本课程的主要特色是,加强课堂理论教学的深度,加大实践操作培养的力度,以丰富多样的教学方式将理论与实务相结合,保证本课程的教学水平处于重庆市同类课程中的中等以上水平。

(二)课程成效

刑法课程思政教学资源库(包含案例素材、试卷与练习题库),刑法课程思政教学视频,已形成课程教学大纲、课程授课计划、教案与课件、教学改革相关论文数篇。学习本课程后,学生不但对刑法学的基础理论有了更深刻的理解,而且充分体会到了社会主义法治的生命力和优越性,领悟到习近平法治思想中蕴含的历史逻辑、理论逻辑、实践逻辑,认识到加快构建中国特色法学学科体系、学术体系、话语体系的重要性。

四 课程特色与创新

（一）课程特色

《孟子·离娄上》有言："天下之本在国，国之本在家，家之本在身。""家国情怀"是个体对国家的一种高度认同感和归属感、责任感和使命感，是一种深层次的文化心理密码。将家国情怀融入教学之中，是本课程教学的一大特色。

1.将刑法学教育和思政教育紧密结合

以习近平新时代中国特色社会主义思想为指导思想，宣扬中国传统文化，树立法律文化自信，不盲目照搬西方法学发展的模式。将家国情怀融入严肃的刑法教学中去，挖掘和传承中华法律文化精华，以国情、家情、信义和孝德为主线，汲取营养，择善而用。

2.将知识教学和实践教学紧密结合

贯彻习近平总书记提出的"法学教育要处理好知识教学和实践教学的关系"的论断，紧扣法学实践前沿，以热点案例为导入，将课堂教学与实践教学相结合，提高学生的综合分析问题能力、解决问题能力和创新能力。

（二）课程创新

优化教学方法，将传统与新型教学手段紧密结合。

本项刑法课程思政项目，将高校学生思想品德教育（德育）和刑法专业知识传授进行了有机结合，即在日常的刑法课程讲授中进行渗透式的思想品德教育。渗透式的思想品德教育必须立足课堂，搞好搞活课堂教学，特别是在实践性极强的刑法本科教学过程中要避免机械地、枯燥地逐条讲解法律法规条文，应积极采取案例研讨式、问题导向式、热爱案件演绎式等新型教学手段。

1.案例研讨式

刑法是关乎国家安全、社会秩序的法律，日常生活中相关案件层出不穷，如盗窃、诈骗、故意伤害、故意杀人案件等，这些都是刑法课堂教学中最新鲜的案例素材。

2.问题导向式

为将思想品德教育有机融入刑法的课堂教学,可以根据教学内容需要而设置相应专题,开展问题导向式教学。如以社会主义核心价值观的"公正""法治"主题为例,在刑罚执行等专题教学中可以让学生分组探讨公正、法治等理念在刑罚适用的活动中有哪些具体体现。

3.热点案件演绎式

选取近两年热点案件,由学生以角色扮演的方式尽量还原案件事实,通过对案件细节的把握,对案件展开讨论或辩论。如,选取未成年案件,融入传统法律文化,引导学生思考犯罪的原因及预防策略。

以上教学手段有助于实现以文化人、以文育人,不断增强学生对刑法学专业基础知识的掌握,加强学生思想政治意识的目标。

课程思政视域下学前儿童社会教育教学改革与实践

课程负责人 | 杨 华

一 课程思政建设总体设计情况

（一）指导思想

根据教育部印发的《高等学校课程思政建设指导纲要》，结合学校和专业的人才培养定位，突出"三全育人"的指导思想，构建科学的课程思政教学体系，引导学生争做"四有"好老师，坚定不移走中国特色社会主义教育发展道路。在建设过程中提高任课教师课程思政建设的意识和能力。

（二）建设思路

从协同育人的角度出发，以专业课教师、辅导员、幼儿园为核心，将学生的思想政治教育落实到人才培养的全过程。

从教学目标上，挖掘学前儿童社会教育课程思政的内涵，完善教育目标的育人功能。

从教学内容上，提炼课程中与思想政治教育的联系点，做好学生世界观、价值观、教育观、儿童观等观念塑造和引领的工作。

从教学途径与方法上，丰富学生的学习路径，开发第二课堂的育人功能，通过社会实践、驻园研习等方式，提高学生的职业认同感和社会责任感。

从教学的评价上，改革过程性评价考核方式，从学生的学习习惯、学习方法等多角度进行评价，引导学生树立终身学习的观念。

(三)建设目标

建立完善的学前儿童社会教育课程思政教学目标、内容、实施、评价体系,精心打磨各环节的育人工作内容。

通过学前儿童社会教育课程思政教学的探索,形成一套可推广的实践体系,深化专业课程的育人功能。

二 课程思政教学实践情况

学前教育专业属于师范类专业,按照人才培养方案的要求,大部分学生将成为幼儿园教师。幼儿园教师是履行幼儿园教育教学工作职责的专业人员,需要经过严格的培养与培训,具有良好的职业道德,掌握系统的专业知识和技能。

全面提升幼儿园教师质量,提升教师的职业信念,需要从教师教育的源头抓起。学前儿童社会教育是学前教育专业主干课,课程内容主要包括学前儿童社会性发展的影响因素及其规律,学前儿童社会教育的目标、内容、方法和途径,幼儿园社会教育活动的设计与实施及评价,学前儿童家庭与社区的社会教育,学前儿童常见的社会性发展问题等五个方面。这些教学内容中既包含学科专业知识,也有丰富的思想政治教育资源可以挖掘。

该课程是国家级一流课程,课程团队在建设课程资源库,改进课程教育教学方法等基础上,逐步摸索课程思政改革的路径,做了以下几方面的探索。

(一)学生管理工作与专业课教师教学工作的协同,提高育人成效

学生管理工作人员多数为思政专业毕业的教师,对学前教育专业不够了解,通过与专业课教师沟通,除了了解学生的学习情况,还能增进对学前教育专业的了解。专业课教师也能了解到学生的思想动态及思想政治教育工作的重点,在课堂上对学生进行价值观的引领。目前,两个育人主体的沟通比较少,应认识到问题并加以改进。

(二)深入挖掘课程内容中与思政的联系点,提高课程思政的系统性

幼儿园开展社会教育的目的就是帮助幼儿成为能够适应社会生活的人、一个健康的人。通过本课程的学习,首先应让学生具有正确的教育观,对如何成

为一个对社会有用的人有正确的认识,才能在将来的教育工作中采取正确的教育行为。

由于学前儿童社会教育课程内容中包含了热爱祖国、热爱家乡、热爱集体等幼儿园社会教育活动的设计,教师在教授学生活动设计的同时,应注意进行社会主义核心价值观的渗透,让学生能够萌发对祖国、对家乡、对集体的爱。

(三)创新教育教学方法,丰富课程学习的路径

学生的专业课学习不仅在课堂上,也在第二课堂中,在幼儿园实践中。将理论运用于实践,可以增强学生学习的主动性,还能帮助学生自我反思,查找学习漏洞。实践化教学模式不仅能培养和提高学生的实践能力,还能让学生在实践中体会到幼儿教师这一职业的责任感和使命感,是实践育人的重要途径。在我院开展的"周末宝贝会"社区服务活动中,学生不仅将学前教育专业知识带进社区,也在接受家长咨询的过程中体会到家校共育的社会责任感。

三、课程评价与成效

通过近几年的课程教学改革,如今的教学越来越重视学生过程性考核,主要采取超星学习通作为线上教学平台,以任务点、讨论、课后作业、阶段性测验、PBL等形式记录学生的学习过程,帮助学生形成踏实、刻苦、坚持等意志品质和学习态度。在教学内容方面注重渗透社会主义核心价值观,以润物细无声的方式开展思想道德教育,以教师自身严谨认真的教学态度去影响学生。在师生座谈会上,学生对任课教师的教学持肯定态度,在学生评教中得到优秀。学生在驻园研习、教育实习等活动中深受幼儿园好评,如普遍反映学生做事踏实,积极肯干,对待指导教师有礼貌,对待幼儿有爱心、耐心、责任心。多名学生在重庆市师范生技能大赛中获得一、二等奖。

缅怀中国幼教先驱，勇担幼儿教育重任
——陈鹤琴的学前教育思想课程思政教学案例

课程负责人 | 高 羽

 教学思路

有效的课堂不是以知识传授为唯一目的的"填鸭式"教学，而应在情境或问题中，引导学生自主探究建构新知，更要把专业知识与品德教育结合起来。本课教学思路是：1.课前在学习通发布任务点，引导学生观看纪录片、查阅资料，对陈鹤琴的时代背景、生平、教育实践和思想有一个初步的认识，帮助学生自主探究新知；2.课堂上，抽取学生介绍陈鹤琴，通过五个问题的讨论，加深学生对陈鹤琴教育思想的理解，并适时融入思政元素，逐步完成思政教学目标；3.课后，在学习通发布本节课的PPT、课后练习和讨论的问题，引导学生复习巩固，深入思考，实现目标。

 教学分析

（一）内容分析

陈鹤琴是我国现代教育史上著名的儿童心理学家和学前教育专家，对我国学前教育课程理论与思想发展贡献最大，被称为中国的"幼教之父"。陈鹤琴先生把毕生的精力全部献给了祖国的儿童教育事业，在长期的实践研究和理论学习的基础上，他提出了许多适合我国国情和儿童心理的教育主张和课程思想，写出了近400万字的幼儿教育著作,影响巨大。研究、学习和继承他的学前教育思想和内容,对于我们今天的学前教育改革与发展具有重要意义。

(二)学生分析

在上学期教育学课程的学习中,学生已经具备了关于教育目的、教学方法、课程和教学原则的理论知识,为学习陈鹤琴的"活教育"的目的论、方法论、课程论和教学原则奠定了基础。在上学期的学前教育专业导学中,也了解到陈鹤琴作为我国的"幼教之父"所做出的重要贡献,因此,学生在学习这节课内容时,有较强的好奇心和求知欲。

在前面中国近现代学前教育实践的章节学习中,学生对我国近现代学前教育的背景有了一定的了解,对我国20世纪20年代涌现出来的一批教育家所进行的实践和探索也有了一定的认知。

学生在学习该课程时,已经完全适应了线上线下相结合,多元方法并用的学习方式,也形成了一定的自主学习能力。因此,各环节的任务都能够很好地完成,保证了本节课教学目标的实现。

教学目标

1.能够陈述陈鹤琴的生平和教育实践,解释陈鹤琴的学前教育思想;
2.能够评析陈鹤琴学前教育理论的当代价值;
3.感悟陈鹤琴为国家的教育事业奋斗终身的奉献精神和淡泊明志、潜心育人的高尚品格,深入思考幼儿教师的责任和担当,增强从事幼儿教育事业的信心。

教学重难点

(一)重点

掌握陈鹤琴的学前教育思想;增强从事学前教育事业的信心。

(二)难点

掌握陈鹤琴的"活教育"思想;评析陈鹤琴学前教育理论的当代价值。

五 教学方法

任务驱动法、演讲法、讲授法、讨论法等。

六 教学过程

(一)教育讲解(图1)

图1 教师讲解

(二)分组汇报,呈现要点

请学生回顾纪录片《大师——陈鹤琴》,梳理所查阅的关于陈鹤琴的相关资料,分小组汇报。

第一组:介绍陈鹤琴的生平和主要教育活动。(图2)

图2 学生汇报

教师提出问题(图3):纪录片《大师——陈鹤琴》中,对你触动最深的是哪件事,为什么?

学生:对儿童的爱,对教育的爱。到他90岁时,依然最盼望的还是跟孩子一起过六一儿童节。

图3 教师提问

教师补充:1981年六一儿童节时,他虽然身患重病,但仍然不忘儿童,并为儿童题词:"一切为儿童,一切为教育,一切为四化。"1982年,他在连说话都非常困难的情况下,还写下了"我爱儿童,儿童也爱我"的肺腑之言。由此可见,陈鹤琴先生把毕生的精力全部献给了祖国的儿童教育事业,他不愧为著名的幼儿教育家。正是对儿童和祖国的爱,激励他不断探索,提出了适合我国国情的学前教育发展道路。

陈鹤琴曾说过,儿童的命运,将来的前途,很大程度上掌握在教他们的成人手中。作为幼儿教师,不仅影响孩子的前途和命运,也关系到祖国的未来。所以,幼儿教师的责任重大,幼儿教师应该承担起自身的使命。

第二组:介绍"活教育"理论。

教师补充:"活教育"的本质是从儿童出发,主张教育必须为了儿童。陈鹤琴说:"我可以肯定地说,要了解儿童心理,认识儿童,才能谈到教育儿童。""活教育""活"在追随儿童,根据儿童的发展现状决定教育的内容、形式和方法,所以,活教育也是适宜于儿童的教育。

教师提出问题:

1.陈鹤琴"活教育"理论中的目的论"做人,做中国人,做现代中国人",你如何理解?

学生回答(图4)。

图4　学生回答

教师补充:现代中国人的核心在于健全的身体、创造的能力、服务的精神、合作的态度、世界的眼光。(引发学生思考其现实意义)

2.案例分析《到外面去》,帮助学生理解陈鹤琴的课程论。帮助学生理解"五指"课程。(图5)

3.如何理解"活教育"的课程论的"大自然、大社会,都是活教材"这个观点?

4.如何理解"活教育"的方法论的"做中学,做中教,做中求进步"这个观点?(解读十七条活教育的教学原则)

图5　集中讲解

第三组:介绍陈鹤琴的家庭教育思想。

教师提出问题:

1.陈鹤琴重视家庭教育的科学依据?

2.请你谈一下陈鹤琴的家庭教育思想对今天的家庭教育有什么价值和意义?

教师补充:党的十八大以来,习近平总书记多次强调,要"注重家庭、注重家教、注重家风","家庭是人生的第一所学校,家长是孩子的第一任老师,要给孩子讲好'人生第一课',帮助扣好人生第一粒扣子"。《中华人民共和国家庭教育促进法》的出台,明确了作为家长应当树立家庭是第一个课堂、家长是第一任老师的责任意识,承担对未成年人实施家庭教育的主体责任,用正确思想、方法和行为教育未成年人养成良好思想、品行和习惯。同时也明确了幼儿园有对家庭进行教育指导的职责和义务。

(三)课后讨论

基于"活教育"理论的教师观是怎样的?(在学习通上完成讨论)

(四)阅读书目

1.《活教育》,陈鹤琴,南京师范大学出版社,2012。
2.《家庭教育》,陈鹤琴,华东师范大学出版社,2012。

教学评价

(一)案例效果评价

1.使学生有教育理论基础课程知识学习的获得感,体现为参与教学互动,学习行为有所改变,更为积极,学习过程也有一定的获得感。本课程课前的任务驱动和让学生在课程开展过程中的参与,有助于培养学生良好的学习习惯。

2.教师能在课前对陈鹤琴教育思想的课程价值进行构建和设计,能在课前、课中和课后进行课程思政的探索,体现教师主体参与的能动性和积极性。

3.教师能够在教学实践中进行课程思政教学,也能结合一定的历史人物故事,使学生感悟教育先辈为我国教育事业奋斗终身的奉献精神和淡泊明志、潜心育人的高尚品格。在过程中深入思考幼儿教师的责任和担当,增强从事幼儿教育事业的信心。

(二)案例反思

1.对于升华学生学习动力方面还需要学生持之以恒地坚持,形成强烈的学习内驱力。

2.教师在课程价值的构建和设计、课程思政的探索方面的深度还需进一步加强。

3.教师在授课过程中具体体现"因事而化、因时而进、因势而新"方面还需继续加强。

(三)与专业内容相结合的思政融入点

1.陈鹤琴的生平和教育实践的思政融入点:感悟陈鹤琴为教育事业奋斗终身的奉献精神、教书育人的家国情怀和淡泊明志、潜心育人的高尚品格。

2.陈鹤琴的"活教育"理论中的目的论、课程论、方法论及教学原则的思政融入点:关爱幼儿、尊重幼儿的情感;爱岗敬业、刻苦钻研的精神。

3.家庭教育思想的思政融入点:理解家庭教育的重要性,明确作为学前教育工作者对家庭进行教育指导的职责和义务。

"三全育人"视域下学前卫生学课程思政的实践与探索

课程负责人 | 彭莉洁

一 课程思政教学设计情况

(一)总体设计

学前教育专业秉承我校行知精神,强调实践育人。学前卫生学是一门包含生物学、医学、教育学、心理学等多学科在内的综合性课程,是学前教育专业的核心课程,也是基础课程。以习近平总书记"四有"好老师为导向,以"立德树人"为根本,本课程思政建设总体设计如下。(图1)

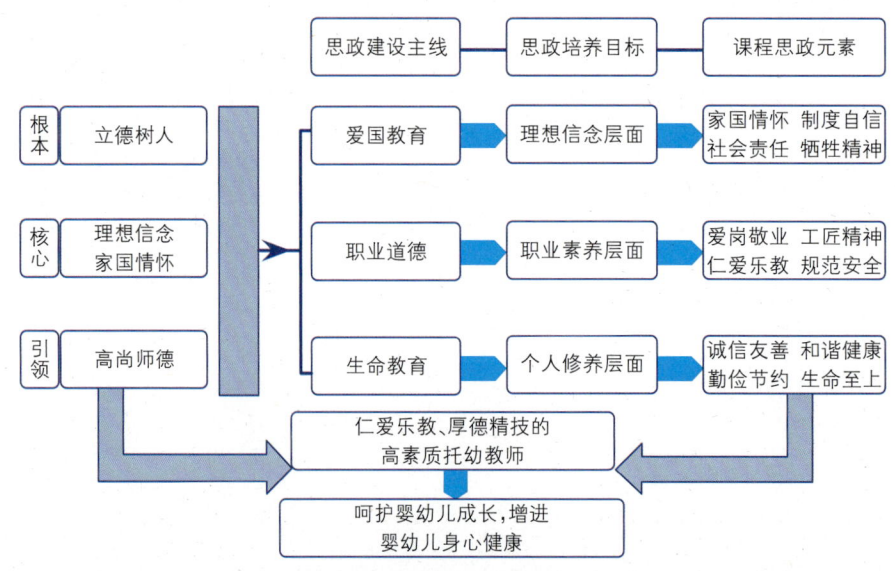

图1 学前卫生学课程思政建设总体设计图

(二)课程思政建设目标

本课程根据《学前教育专业师范生教师职业能力标准(试行)》的要求,充分挖掘课程思政要求,将本课程的思政建设目标主要立足于从"理想信念、职业素养、个人修养"三个层面培养人才:

1.理想信念层面:以为国家培养身心健康、全面发展的婴幼儿为己任。

2.职业素养层面:爱岗敬业、仁爱乐教,具有工匠精神,注重规范安全,呵护婴幼儿成长,增进婴幼儿身心健康。

3.个人修养层面:促使自身养成健康的生活习惯,践行社会主义核心价值观,把对家国之爱、对教育之爱、对婴幼儿之爱融为一体,争做"四有"好老师。

(三)课程思政建设内容体系

本课程建设致力于"呵护婴幼儿生命和促进婴幼儿健康成长",以"爱国教育""职业道德教育"和"生命教育"为课程建设主线,紧扣托幼机构教师应具备的保育能力,将家国情怀、制度自信、社会责任、牺牲精神、爱岗敬业、工匠精神、仁爱乐教、规范安全、诚信友善、和谐健康、勤俭节约、生命至上等思政元素融入课程思政体系设计、教学实施、资源建设和课程考核评价,培养"学思用融通、知信行合一"的应用型托幼人才。

课程思政教学实践情况

学前卫生学涉及的知识内容与学生、学前儿童的生活息息相关,根据其应用性、操作性强的属性,对教学内容进行梳理,从中找出专业教育与课程思政的契合点,将价值观塑造贯穿在知识传授和能力培养之中。

(一)挖掘课程思政教育资源

1.保育员、育婴师第三方认证资源。

2.30余家优质托幼机构的校企合作资源。

3.面积约为1200平方米的"蒙学园"校内实践基地资源,百花社团和支教团等社团活动资源。

4.学前卫生学校级课程思政示范课程和精品在线开放课程、市级线上线下混合式一流课程的建设成果和重庆市高等教育教学改革研究课程思政专项研究成果。

(二)课程思政内容构建

本课程的七大内容模块,从"理想信念、职业素养、个人修养"三个层面挖掘课程思政契合点,进行课程思政内容体系构建。(表1)

表1 学前卫生学课程思政内容体系构建表

序号	课程专题	课程思政元素	课程思政契合点(部分)	学时
1	学前儿童生理特点	生命教育 仁爱精神 职业道德	1.学前儿童各系统特点——生命教育:敬畏生命、善待生命、珍爱生命,尊重婴幼儿,树立正确的儿童观 2.学前儿童各系统保健要点——关爱幼儿,树立爱岗敬业的仁爱精神和职业道德	12
2	学前儿童生长发育规律	制度自信 生命教育	1.学前儿童健康评价指标——《健康中国2030规划纲要》,体现制度自信 2.学前儿童生长发育规律——养成敬畏生命、珍爱生命的观念	3
3	学前儿童营养	社会责任 勤俭节约 文明生活	1.营养学基础知识、营养与儿童生长发育的关系,培养良好的饮食习惯——关爱儿童,关注学前儿童的膳食健康,培养社会责任,传承中华民族勤俭节约的传统美德,文明生活 2.合理膳食——理解《中国居民膳食指南》,认同健康的生活方式,体现制度自信,文明生活	6
4	学前儿童常见疾病	生命教育 奉献精神 制度自信 家国情怀 爱岗敬业 诚实守信	1.学前儿童常见疾病的预防和护理方法——树立良好的行为规范,敬畏生命、善待生命、珍爱生命,尊重婴幼儿,树立正确的儿童观,具有奉献精神 2.学前儿童常见传染病——阻断传播取得显著效果,体现制度自信、家国情怀,树立服务儿童、奉献社会的高尚情操 3.托幼机构预防和处理传染病的措施——意识到幼儿教师责任重大,树立爱岗敬业、诚实守信的职业道德	12
5	学前儿童心理健康教育	职业道德 仁爱精神 社会责任	1.学前儿童常见的心理问题——关爱幼儿,树立科学的儿童观,体现职业道德、仁爱精神 2.预防和处理学前儿童心理问题的措施——关注特殊儿童需求,增强社会公德意识,培养社会责任和爱岗敬业的职业道德	6

续表

序号	课程专题	课程思政元素	课程思政契合点(部分)	学时
6	日常护理方法和常见意外的急救	团队合作 职业道德 规范安全 家国情怀 生命教育 以人为本	1.常见护理术——掌握正确的护理技术,促进学前儿童的健康,进行团队合作,具有职业道德,注重规范安全 2.学前儿童意外事故处理——了解公共急救设施,掌握基本的急救术,增强防护意识,具有保护学前儿童安全的意识和使命感,体现家国情怀、生命教育、以人为本	6
7	集体儿童保健	工匠精神 职业道德 仁爱精神 规范安全	理解托幼机构日常生活检查的规范,保障学前儿童学习和生活环境的安全——形成规范操作的工匠意识,具有以幼儿为本、爱岗敬业的职业道德和仁爱精神,注重规范安全	3
合计				48

(三)课程思政建设模式及方法路径

1.将"混合式教学"与"第二课堂"有机整合,利用线上平台,构建师生、生生间更畅通的交流平台,有助于不同教学理念的传播,通过观点与思想的碰撞与交流,能够拓展教学的视野,弥补思政元素嵌入教学时过多依赖讲授、灌输的不足;通过第二课堂在真实工作情境中熟悉婴幼儿生长发育、体格锻炼、婴幼儿膳食、卫生照料、生活照料、家庭护理与急救技术等保教知识和技能。校企密切合作,双元互动,培养高素质应用型托幼人才。(图2)

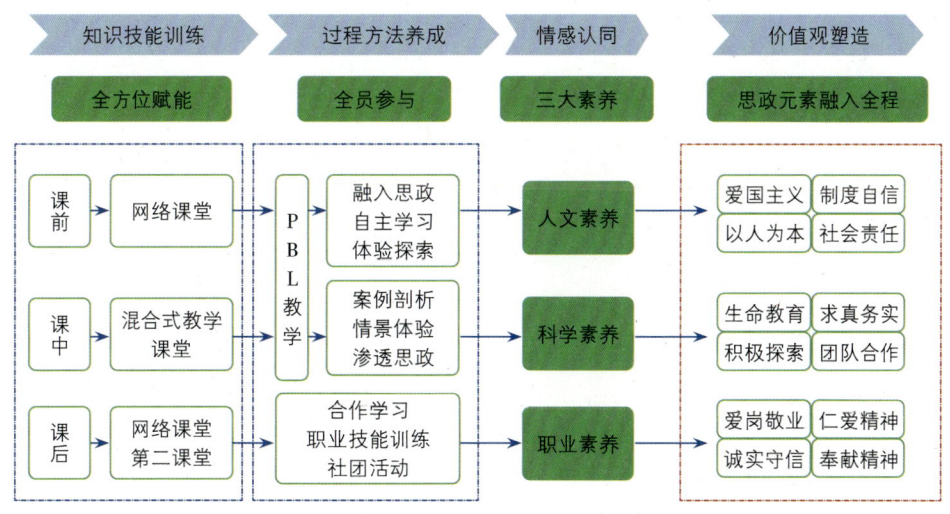

图2 学前卫生学思政教育模式

2.强调"PBL+翻转课堂":以问题为导向,布置项目任务,学生通过小组分工与合作,在教师指导下收集、整理与分析资料,以课堂汇报的形式完成任务,引导学生分组合作,将课堂中的思政元素理解和内化,让学生认识到自己的责任和专业的价值,在过程中塑造价值观念,树立教育自信,达成思政目标。

3.完善"案例教学+情景体验":幼儿保教工作、家长面临的学前儿童日常健康问题、生活的困惑为本课程提供了鲜活的案例。生动、形象地将课程思政与生活实践相结合,在传授知识的过程中,可以促进学生思考与分析,更容易理解课程思政元素在真实场景中的价值。

课程评价与成效

(一)评价机制建设

本课程在教学评价中,增加课程思政内容,使用已建成的在线学习平台,初步探索"互联网+"课程思政,构建评价体系。

1.多元化评价主体

通过自我评价、相互评价、教师评价,学生能够全方位地及时诊断、反馈课程思政的学习效果,并能激励、调节和导向下一阶段的学习目标,帮助他们能主动而富有创造性地进行学习。

2.多层次的评价内容

本课程以行知精神为指导,关注在思政内容建设中学生的学习效果和反馈,从学习过程、学习成果、实际表现三个方面采用合理可行的标准进行评估:运用学习通的签到、讨论、课程学习等模块,记录学生学习过程中各项活动的参与情况与行为表现,考查学生对课程思政目标的认可程度;结合课程思政教学,安排PBL小组任务要求学生对所学内容进行讨论、反思,考查学生在思政实施前后态度、情感的变化;通过保育实践项目的操作,考查学生在实际表现中是否遵循职业精神、践行职业规范。

(二)课程评价及改革成效

本课程从2020年实施混合式教学设计以来,学生能主动并有兴趣参与到教学中,从2021年开始,学院增设保育技能比赛,学生参与比赛积极性较高。总体来看,"互联网+"课程思政的建立促进了学生自主学习能力的提高,教学满意度较高,效果较好。本课程将课堂教学、校内外实训和社会(社团)活动相结合,注重培养"学思用融通、知信行合一"的应用型托幼人才。经过持续育人、不懈努力,本专业毕业生受到了社会和用人单位的广泛认可,社会声誉较好,学生满意度高,从2017年起,本专业连续7年被艾瑞深中国校友会评为全国民办大学本科五星级专业。

(三)示范辐射

在课程建设过程中,将不断调整课程建设方案,做好阶段性的总结工作,提炼有益经验,撰写课程改革的相关报告,为相关课程教学改革实践提供参考;通过学生的保育员、育婴师等职业技能培训和百花社团、支教团、周末宝贝会、蒙学园等线下课外活动,践行所学的婴幼儿早教知识和技能,服务周边社区,扩大课程改革实践的社会影响力。

四 课程特色与创新

(一)特色、亮点和创新

1. 全要素浸润从教情怀

本课程基于学前教育专业学生未来工作岗位的从教核心素养,引导学生树立从教理想,树立为党育人、为国育才的从教信念,注重引领学生把对家国之爱、对教育之爱和对幼儿之爱融为一体。自觉以德立身、以德立学、以德立教,争做有理想信念、有道德情操、有扎实学识、有仁爱之心的"四有"好老师,全要素厚植从教情怀。

2. 全过程淬炼乐教强技

本课程坚持OBE师范认证,以"践行师德、学会教学、学会育人、学会发展"理念为引领,重塑专业思政中课程构建体系,确立"三课联动、三平赋能",改变传统教学单一的授受教学方法,运用典型案例法、示范教学法、职业体验法、图片视频观摩法等多元化教学方法,推动乐教强技的全过程淬炼。进一步明确幼儿教师所需的"深厚的道德情操、扎实的知识功底、过硬的专业技能",即乐教强技的学前教师专业素养。

3.全方位推进协同育人

本课程联同专业教师、思政教师、企业教师形成育人共同体,以优秀党员、优秀教师、"最美教师"、优秀辅导员等引领带头形成互补联动,坚持"以生为本",实现"德智融合",发挥课程协同育人作用。

(二)典型教学案例

挖掘课程蕴含的理想信念、品德修养、职业精神等课程思政价值点,设计融入课程思政元素,培养学生的家国情怀、仁爱精神、职业素养。

表2 学前卫生学课程思政典型教学案例表

知识点	思政素材	思政目标
婴幼儿常见传染病	在党的领导下我国在阻断传染源、防控扩散等方面,取得显著效果	(个人层面)认识传染病,养成健康防御病毒的安全意识和能力 (职业层面)当代幼儿教师的担当与责任 (国家层面)理解无私奉献的精神,加强政治引导,体会党和人民的伟大,增强四个自信
内分泌系统	应该为婴幼儿选择怎样的内裤,婴幼儿使用开裆裤、尿布、尿不湿应注意什么	(个人层面)培养卫生意识,关爱生命健康 (职业层面)关爱婴幼儿、关注婴幼儿健康,增强专业认同感和责任感 (国家层面)增强社会责任感

"六位一体"
——中国古代文学课程思政教学实践

课程负责人｜王艳梅

一、课程思政建设总体设计情况

中国古代文学课程自从文学与新闻传播学院建立之初，即2002年开设，至今已有20余年的历史。本课程是汉语言文学专业的核心主干课程，累计受课人数多达1万人以上。本课程以党的二十大精神和习近平新时代中国特色社会主义思想为指导，重在落实立德树人根本任务，坚决贯彻全国高校思想政治工作会议精神，将马克思原理、社会主义核心价值观与中国传统文化相结合，力求在讲好中国古代文学的基础上，把思政教育融入人才培养的全过程。

古代文学蕴含和承载着中华民族文化的根脉和基因，各个历史时期文学一脉相承，互为注脚，自成体系，共同指向人的精神提升与人的灵魂塑造。本课程设计采用的是一线贯串，点面结合的方式。以中国古代文学历史的发展历程为主线，以文学作品为点，以各个朝代文学特色为面，以线串点，以点带面，突破课程的文学本位，渗透课程思政教学内容，构建多元的思政体系。充分发挥课堂教育的主渠道作用，实现以传统文化精髓助力思政教育，以思政教育指导中国传统文化传播的教育效果。

（二）课程思政教学实践情况

按照学校应用技术型大学的办学理念，汉语言文学专业的培养目标就是培养面向基础教育的专业语文教师，古代文学的基础地位和作用尤为突出。本课程是汉语言文学专业的核心课程，蕴含着丰富的文学素养与育人理念，是课程思政强有力的载体。将思政教育融入中国古代文学课程需要找准思政元素与古代文学内容的契合点，将教学内容中散落各处的蕴含思政教育内容的知识点加以汇聚，形成一条条古代文学的历史脉络，从各个方面印证传统文化在不同朝代所彰显出的时代精神。从整体视角把控优秀传统文化的源流与发展进程，有效地实现古为今用。

（一）以儒、道思想为引领，培养健全人格

从孔子、孟子、荀子、老子、庄子、韩愈、朱熹、王阳明、曾国藩等思想家的作品中挖掘道德思想在人的成长过程中的重要作用。以儒道思想的温度涵养学生，以实现习近平总书记提出的"培养什么样的人，如何培养人，为谁培养人"这一思政教育的核心问题，引导大学生在古代圣贤之道的指引下，明德修身，求真务实，健全人格。

（二）以文学作品为载体，增强文化自信

通过对《诗经》《汉乐府》《窦娥冤》《官场现形记》等文学作品进行解读，揭露古代奴隶制社会、封建社会黑暗腐朽，衬托当代社会的文明繁荣。通过对《金瓶梅》《红楼梦》等作品的分析解读，揭示封建社会走向没落的必然性。深入挖掘《三国演义》《水浒传》《西游记》《儒林外史》等经典著作中的仁爱、民本、诚信、勇于斗争、志存高远等精神，激发大学生对中国传统文化的认同，增强文化自信。

（三）以历史人物为榜样，树立示范作用

讲述屈原、司马迁、陶渊明、李白、杜甫、柳永、苏轼、关汉卿、汤显祖、曹雪芹等历代文人跌宕起伏却闪烁着人性光辉的人生经历，传颂他们一系列歌咏祖国名山大川、表达忧国忧民、深入剖析社会现实的诗、文、词、曲、小说等作品。对于大学生而言，这些中华民族文化血液中的优良基因，必将促使大学生对人生充满责任感、使命感，对理想信念矢志不渝。

(四)以忠君报国为己任,弘扬爱国主义精神

弘扬屈原、诸葛亮、杜甫、范仲淹、岳飞、辛弃疾、陆游、左光斗、龚自珍等爱国主义诗人精神。传颂他们激励了无数中国人的千古不朽名篇。如《离骚》《出师表》《岳阳楼记》《正气歌》《少年中国说》,以其"哀民生之多艰"的忧国忧民情怀、"虽九死其犹未悔"的执着信念、"天下兴亡,匹夫有责"的责任感激发大学生对中华民族伟大复兴的认同感。

(五)以爱情主题为依托,树立纯洁的爱情观

以《诗经》《陌上桑》《西厢记》《牡丹亭》《桃花扇》《红楼梦》等文学作品为例证,通过阐发作品中的爱情主旨,为大学生树立正确健康的爱情观,端正纯洁的择偶观奠定良好基础。

(六)挖掘巴蜀文化,增强地域文化认同

古代文学中涌现出司马相如、扬雄、陈子昂、李白、杜甫、"三苏"、黄庭坚、杨慎等著名巴蜀文人,深入挖掘地域文化的鲜活内涵和个性魅力,增强学生对本土文化的认同。

古代文学作品浸润丰厚的中华传统文化的思想精髓。教师在讲授的过程中要突出这些作品的精神实质,进而渗透社会主义核心价值观教育,以作品讲文化,以文化引思想,进而实现润物无声的教育。

三 课程评价与成效

(一)评价方式多元化

评价方式由单一考试转变为多元评价,如让学生参与课外资料整理,课堂问题回答,课程内容分组讨论等实践活动,然后从中评判学生的学习态度、自主学习能力、思辨能力和知识运用能力等。

除了评价方式的多元化,更要强化动态监测,将评价贯穿该课程教学的全过程。

(二)评价主体多视角

评价主体应由单一教师转为多元师生,形成教师评价、学生自评、学生互评

等方式相结合的多元评价方式。评价主体的多元化既能真实反映学生的学业情况,也使评价更加科学、全面、公平、民主。

除了评价主体的多元化,更要强化动态监测,将评价贯穿该课程教学的全过程。

(三)聚焦教学大纲对课程思政的贯彻度

教学大纲的编写要突出思想政治教育,以坚持文化自信、爱国主义为核心的家国情怀统领古代文学知识的学习、古典文学素养的提升与人文精神的构建。

(四)关注课程思政的执行度

本教研室特别注重教学的实践环节,避免教案思政突出,授课仍然因循守旧的现象。本团队8位老师近3年来的教学评价均为优秀,其中王艳梅、彭亚萍在2021年度考核为优秀,在2022年被评为学校优秀教师;刘佩伟老师在2022年度考核为优秀。古代文学教研室荣获校级优秀基层教学组织。

四 课程特色与创新

中国古代文学课程思政建设是一项重大任务,本教研室循序渐进,把思政融入课堂教学当中,实现古代文学课程育德、育人。具体的特色如下:

(一)科研反哺教学,助推课程思政建设

本课程组老师学科知识扎实,科研能力突出。近5年,课程组老师主持市级课题8项,校级课题9项,多次在《新文学史料》《语言建设》《明清小说研究》《重庆日报》等核心刊物上发表文章。注重将科研优势转化为教学资源,如经常开展读书报告会、教学研讨、学术沙龙,并多次指导学生参加创新创业大赛。

(二)课程思政建设与地域特色相结合

校级研究平台巴蜀文化研究中心的成员都是古代文学教研室的骨干老师。课程建设应立足中心,依托地域,将巴蜀文化融入课程建设,既是优秀传统文化创新性发展和创造性转化的迫切需求,又是提升学生文化自信的重要途径。

(三)线下与线上混合式思政教学

本课程教学资源丰富。目前拥有重庆市一流线上课程古典诗歌的创新思维，校级课程思政示范课程中国古代文学、史记选讲和课堂教学改革示范课程宋元文学、明清文学，准备录制专业核心课程中国古代文学。通过线上线下混合教学更能满足学生的多元化学习，也更有效地实现"三全育人"。

(四)构建第一课堂与第二课堂相结合模式

第二课堂作为第一课堂的延伸和补充，要充分利用课程思政教学的育人功能。既要发挥好第一课堂教学的主渠道作用，又要充分利用第二课堂的实践作用，有效地做到两者结合。

中国传统文化的重新建构
——《史记》选讲课程思政设计与实践

课程负责人 | 刘佩伟

一 课程思政建设总体设计情况

具有良好的思想道德修养、科学的世界观、正确的人生观和价值观,掌握本专业基本理论和学科前沿知识,具备较强的表达、合作、交往能力,拥有健全的人格和良好的心理素质,是汉语言文学专业人才培养的最基本要求。本课程的课程思政建设以此为方向重点展开。

1.本课程的课程思政建设目标是通过对《史记》的阅读,学生能够了解中国大历史的基本面,中华民族文化的基本构成,进而认识到中国近代以来的革命史,乃至改革开放的进程正是中国大历史的一个部分,是中华民族文化建构的重要阶段,进而形成民族的文化自信。

2.本课程的课程思政内容供给思路是把"六艺"中的革命维新思想和司马迁创作《史记》的理路与王阳明的"知行合一"及中国共产党的革命信仰、毛泽东的新民主主义思想串联成一条线索,从而让学生对自己有一个清晰的时代定位,这样才能对自己的人生设置一个恰当的价值追求。

3.本课程将价值塑造、知识传授和能力培养紧密融合,在带领学生阅读讨论《史记》的叙事文本过程中,学生能够摆脱固有的惯性思维的牵制,形成对历史人物的新的认识,同时学生能够得到一种以自我判断为核心的创新思维能力。

二 课程思政教学实践情况

1.本课程的定位方向和汉语言文学专业定位一致,是培养具有扎实的语言、文学专业基础知识、理论和基本技能,有一定的创新精神和创业意识,具有较强的自主学习能力和终身学习能力。所以本课程在具体实践上主要是带领学生体验阅读《史记》的过程,并不注重结果,在这个体验的过程中重新体悟《史记》,重新发现中华民族的文化,这样中国近代革命的历史展现在我们面前就是自然的,同时学生也能得到思辨能力的锻炼。

2.本课程的课程思政内容是由《史记》的性质决定的。(图1)经史子集,是中华民族文化的传承载体,本身就具有很强的思想性、教育性。本课程在设计的过程中首先确定了一个基本的思想,即中华民族文化的建构、中华民族历史的演进是以"革命"这个概念为中心进行的。《周易》和《诗经》等典籍里面已经明确了革命维新的理念,从宇宙的衍化到个人的人生都要以这个发展的观念来衡量。其次搭建了一个牢固的框架,即从"六艺"中的革命维新思想到司马迁"究天人之际,通古今之变"的理路到王阳明的"知行合一"思想再到中国共产党的革命信仰、毛泽东的新民主主义思想这一条线索。再次,明确一个核心的概念:革命的"密"。漫长的中国封建帝制时代充满了家族的争斗、王朝的更迭,充斥着各种宫廷阴谋,尽显人性的丑恶面。本课程就是以《史记》作为基本文本,在阅读的过程中带领学生逐步剥除掉这些宫廷阴谋,发现司马迁笔触背后的革命信仰的逻辑,发现中华民族历史的韧性,发现中华民族文化的光辉点。

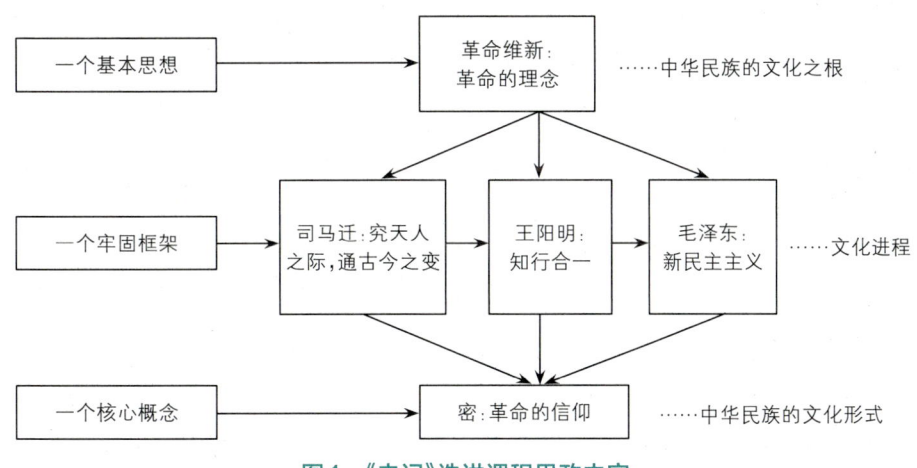

图1 《史记》选讲课程思政内容

3.本课程在探索创新课程思政建设模式上以原典阅读与分析为抓手,以OBE教学理念为指导,以产出为导向,着力学生创新思维能力的训练。

问题意识的建构是课程思政建设路径的关键,本课程在教学方法上注重文本阅读和领悟,以学生的基本知识和理论的传授为辅助。以学生为核心,由老师一步步抛出问题供学生思考和探讨,这样才能得到创新思维的训练,才能达成价值的重塑,达到润物无声的育人效果。所以教学手段上以线下线上相结合的方式展开。

三 课程评价与成效

1.由于本课程在设计上重视的是过程而不是结果,所以考核评价的方法机制是多层次、多样化的,可以概括为读、说、写几个层面。读,即是考查学生对《史记》文本的阅读理解能力,这是前提;说,即是在阅读理解的基础上进行思考,思考后才能表达,表达过程中蕴含着学生与学生、学生与老师的辩论,这样才能促成思维创新的能力;写,要在平时学习的过程中和期末布置写作的任务,这是对思考的总结,锻炼语言表达和逻辑思维能力。(图2)

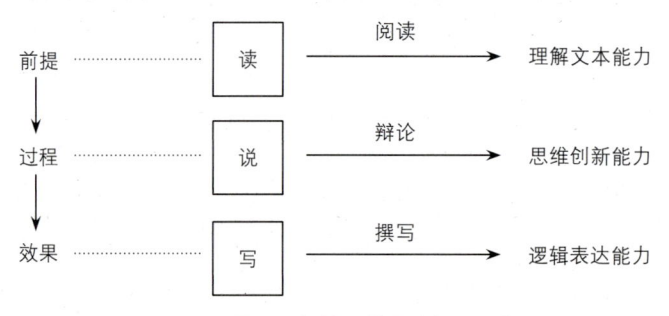

前提 → 读 —阅读→ 理解文本能力

过程 → 说 —辩论→ 思维创新能力

效果 → 写 —撰写→ 逻辑表达能力

图2 考核评价机制

2.本课程在校内外同行和学生评价方面,首先得到了校内外同行的肯定,校督导专家和相关课程教师听课后的肯定,同行们听课后的感受是课程思路清晰,处处蕴含着对学生人生价值观的引导;学生的评价整体上是课程充满着思想性,听完后对中国文化,对个人有了新的认识,增强了人生的自信。

3.本课程思政教学改革成效、示范辐射作用显著。一方面学生学有所得,能够把中国共产党的革命史纳入民族的统一视野下观察,能够扩展自己的思维创新,比如2019级刘磊同学的作业是探讨司马迁的民族观,以"①'诸族同源':匈奴概念之重构;②'民族平等':民族习俗之正视;③'和睦相处':汉匈关系之反思"为架构,这是以前从未有过的一种宏大视野的解读。另一方面,本课程在课程思政的教学方法上有广泛的示范辐射作用,形成了可供同类课程借鉴共享的经验做法。

四 课程特色与创新

(一)产出导向

本课程在设计的过程中以培养方案中的毕业要求为导向,依托司马迁创作的核心点:"究天人之际,通古今之变,成一家之言",在这个原始察终的宏观视野下就能够把中国革命史纳入课程中来,也让学生能够跳出就历史故事看历史故事的漩涡,也才能训练学生的思辨能力。总结起来就是寻找到课程的核心点,让课程在进行中发生"化学反应"。

教学案例:

《五帝本纪》和《夏本纪》中对尧、舜、禹"禅让"过程的记录,既有对儒家经典的借鉴,又有司马迁自己的观念引申。课程通过"舜的掌权之路"和"大禹的隐忍"两小节带领同学们去分析权力的变化和思想的转变。具体的方式是以功课簿专题作业的形式分小组对儒家的"禅让"天命观进行反驳。(图3)

《史记》选讲功课簿	
课题: 专业班级: 字号: 姓名:	
基本知识	常识关联(历史时间、历史人物、相关术语等)
	好词好句(解决难词难句,做记录)
读写训练	口头表达(一分钟朗读、原文片段串讲等)
	思辨写作(辨析文、反驳文、文体转换等)
课程思政	文本拓展(文本对比分析、创新思维能力)
	人生感悟(爱国情怀、传统文化的价值观)

图3 《史记》选讲功课簿

(二)问题意识

课程在设计的过程中摆脱说教色彩,以学生的思考为中心,老师起到引导的作用,设计的问题也很关键。这一思路方法贯穿课程的始终,这样才能做到以学生为本位的教学,也才能让学生有深切的人生价值观的领悟和能力的提升。

教学案例:

《孙子吴起列传》中的孙膑庞涓事件,为了突破只看表面的陷害与复仇,设计了4步教学,每一步都用启发式的问题,将读、说、写融合于其中(图4):

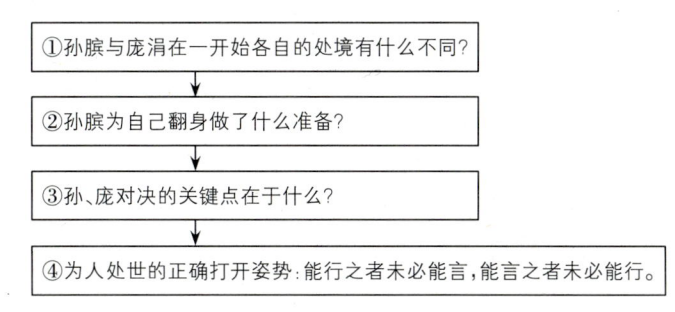

①孙膑与庞涓在一开始各自的处境有什么不同?

②孙膑为自己翻身做了什么准备?

③孙、庞对决的关键点在于什么?

④为人处世的正确打开姿势:能行之者未必能言,能言之者未必能行。

图4 《孙子吴起列传》教学设计

中国现代小说精读课程思政教学探索

课程负责人｜张舒敏

一　课程思政建设总体设计情况

中国现代小说精读课程根据学校应用型人才培养定位,确定本课程的课程思政建设目标为:通过小说作品精读培养学生文学作品的解读和鉴赏能力,引起学生对国家、民族、人民、社会与历史真切的关注与感受,以及对本民族文化的热爱与自信,培养家国情怀。

本课程面对汉语言文学专业学生,在内容上依托开设15年以上的中国现当代文学类专业课程,选择中国现当代文学史上具有代表性的小说经典文本进行深入讲解,训练学生对文学语言和文学美感的感知能力和把握能力,理解作品中隐藏的深刻思想内涵,进而探讨丰富复杂的人性;也使学生对中国现当代的文学、文化与社会发展,以及文学与政治的复杂关系有切实的了解和体会;同时感悟文学在当下社会语境的现实意义。

同时,基于地方普通本科高校中国现当代文学专业的应用型大学转型现状,综合考虑人才培养目标和受教主体的接受能力,为了更好地提高当代大学生的人文素质、思想道德水准,培养审美情操和实际应用写作能力,本团队在坚持人本性、地方性和审美性有机统一的原则下,编写了富有学理性和应用价值的中国现当代文学史教材。

（二）课程思政教学实践情况

当前，我们处于应用型经济发展时代，高校教学重点主要放在学生的就业问题上，故课程设计目标都以应用型实践性为主，在教学内容上重点强调如何通过教学有效地提高学生的市场竞争力。本课程紧扣立德树人的根本宗旨，坚持以学生的就业需求为中心，强调开启学生学习的内驱力，一方面通过深入细读中国现代经典小说，引导学生更加全面地认识中国现代小说多元化发展的总体创作风貌，能够从历史的、审美的角度对重点作家的经典小说予以评析，拓宽学生的专业知识结构，提高学生的专业知识水平；另一方面注重培养学生健全的人格，提高学生的思想道德水平和人文素质，提升中华文化认同感，增强中华文化自信。

本课程既重视中国现代小说专业相关知识的稳定性、整体性与统一性，也力求充分挖掘作品中的思政要素；既注重吸收国内外权威的相关研究成果，也有对百年中国小说思潮与流派等相关知识的梳理，还有对小说文本主题、人物形象、写作风格等内容的分析解读，使学生掌握一定的文学文本解读的原理和方法，初步培养学生解读小说文本的能力。

为此，本课程在教学设计上以"实践—理论—实践"为指导思想，运用案例式、探究式教学方法。每节课由"教师讲授""拓展阅读""课堂研讨""练习题"4个部分构成。教师讲授为课程辅助部分，课堂研讨是课程的多元互动部分，拓展阅读和练习题为课程实践部分。教师讲授：教学方法以学生交流讨论为主，老师概括总结为辅，教师主要讲授相关类型文本的批评理论和方法。拓展阅读：课前安排学生针对某一主题整理书面材料，以便于课堂交流，重在课程内容的延伸和拓展，帮助学生加深感受，把握重点，理解难点，促使学生独立思考。课堂研讨：可以在线下课堂和线上学习通进行，自由分组，可一人一组，也可多人合作，鼓励学生们展开独立思考和学术探索，互相帮助，共同提高。练习题：属于过程训练的实践范畴，课后主要以线上学习通练习为主，需要学生登录网站选择相应的题目完成作业，目的是对于教学过程的强化与检验，也是对学生学习效果的检验。

三 课程评价与成效

中国现代小说精读针对实践性课程特点,课程评价主要采用平时考核与期终考核相结合的方式。其中平时成绩包括平时考勤、专业模块练习、中期考核三部分。既注重过程性评价,又开展终结性考核,评价体系多元化。

经过多年实践探索,团队在教学方面取得了一定的成效:

1. 准确定位教学目标,坚持以应用型人才培养为核心。
2. 优化调整教学内容,实现教学内容由封闭走向开放,打破传统局限中对于书本知识的枯燥讲解,重视教学内容与现实生活联系,强调培养学生实践技能和知识应用能力。
3. 创新教学方式方法,重视实践教学并提高学生综合能力。

在各类竞赛中,学生多次获奖,得到社会认同:学生在重庆市大学生成语大赛、高校微课教学比赛、第三届全国学生"学宪法 讲宪法"活动重庆赛区选拔赛、重庆市第六届"中华经典诵写讲"大赛、中国大学生计算机设计大赛中多次获得一、二、三等奖。

四 课程特色与创新

(一)注重实践,加强文本解读能力

本课程前续为中国现代文学史,较为偏重文学史的总体概貌的勾勒。本课程的设置在于加强学生的实践能力,即在掌握理论史实的情况下,运用理论知识分析解读文本的能力。如讲解《创业史》时,不仅要讲解什么是社会主义现实主义的创作方法,同时更要厘清时代背景和作家情感等因素,才能更好地理解该作品的主题,即回答20世纪50年代"中国农村为什么会发生社会主义革命和如何进行社会主义革命"这一宏大的革命历史问题。讲解中,不仅梳理了相关理论,还运用了社会分析法,对展现的社会内容进行理解,从而使学生理解社会变迁中各种力量的意义,加强思政含量。

(二)线上线下结合,调动学生的积极性与主动性,培养细读能力与文字写作能力

课程结合线上和线下的优势,注重丰富性与学生的参与性,调动学生的学习积极性。比如利用线上的优势,积极开展讨论,这需要学生认真地阅读,并有相应的知识储备,同时加强文字运用能力,使学生不仅可以解读文本,还具有一定批评写作的能力。比如讲解鲁迅小说《伤逝》,讨论悲剧原因及人物情感,同时,布置相应的写作,要求学生以子君的角度重写,实质上就是让学生理解小说叙事视角,同时加强写作训练,从而使学生有效地运用祖国的语言文字。

基于兴趣的语言规范自觉与文化传承自信
——生活中的语言学课程思政建设与实践

课程负责人｜段茂升

一 课程思政建设总体设计情况

生活中的语言学课程根据学校应用型人才培养定位，确定本课程的课程思政建设目标为：培养学习者对日常语言现象的兴趣，增强学生使用规范用语的自觉性，提升学生运用历史唯物主义和辩证法进行语言分析和运用的能力，提高学生创新应用语言的能力，通过语言文化的传承不断提升语言自信和文化自信。

本课程面对全校学生，在内容上依托开设10年以上的语言类成熟专业课程，通过分解、整合、重构古代汉语、现代汉语、语言学概论、语用学等课程的精华知识，以语言的功能和特点为基础，结合日常生活中的语言现象，通过案例来分析语音、文字、词汇、语法的发展变化，将语言与社会生活联系、贯通，让学生在有趣的学习中了解语言规律，学会用历史发展的眼光和辩证的方法看待语言现象，用规律和理论指导日常的语言交际实践，从而在知识学习中获得观察语言现象、分析语言现象的能力，认识到汉语言文化的博大精深，提高对语言的认识，达到不断提高学生文化自信的目标。

同时，通过编写"纸本+云本"的教材，让学生利用信息技术拓展知识学习边界，学会用创新的思维观察语言、应用语言。

重庆在线教学平台专家评价：该课程能够将日常生活与语言学很好地结合起来，用生活中的细节，解释语言学的知识，具有创新性和艺术性。

二　课程思政教学实践情况

语言学被誉为文科中的理科,其工具性、思想性、逻辑性比较强,语言本身就是思维和交际的工具,语言学习能够训练学生的思维能力;同时语言文字也是文化的载体,从中可以挖掘语言自信和文化自信,所以国家历来十分重视语言文字的规范使用。但它又和日常生活联系紧密,社会性很强。但是生活中总是有语言文字使用不规范、语言表达词不达意等现象。如何看待分析这些语言现象,不仅关乎语言文字规范化,也关乎语言文化自信。

为此,本课程在教学设计上以"实践—理论—实践"为指导思想,运用案例式、探究式教学方法,每节坚持"语言现象→现象本质→语言理论→举一反三"的设计思路,由浅入深、循序渐进,将语言和社会生活、学习生活联系起来,引导学生发现语言发展演变的规律,识别生活中不规范的语言现象,培养其从细微处观察社会语言现象的兴趣,增强规范有效使用语言的自觉性,使我们的语言表达更加符合交际需要,不断提升我们的语言能力和语言趣味,通过语言文化的传承不断提升语言自信和文化自信。

为了让抽象的语言理论和语言发展规律通俗易懂,使学生在潜移默化中获得思维方法训练,本课程利用先进的制作理念,通过生动有趣讲解,提升在线学习的吸引力。本课程在深入学习国内外在线课程和微课设计与制作的先进理念基础上,遵循"短、小、精、悍"的微课特征,以获得市级竞赛二等奖的系列微课为基础,注重案例丰富、讲解生动、制作精良,既有生活案例、情景对话,又有图片展示、动画演示,内容展现丰富多彩,适宜提升在线学习的吸引力。

本课程教师出版了一系列具有"纸本+云本""线上+线下""教材+资源"特色的"应用型中文专业规划教材":《语言学概论》《语用学简论》《汉字学教程》。书中增加了相关案例、知识、视频等资源的APP链接,师生可以通过扫描二维码的方法获取拓展教学资源。

三　课程评价与成效

生活中的语言学针对在线课程特点,课程评价由视频学习、章节练习、自主测验、讨论区发帖和结业考核等构成,既注重过程性评价,又开展终结性考核,评价体系多元,并设置大量理论运用于实践的讨论题,让学生学以致用。目前选课学生总量超过2万,从来自市内的13所学校到来自全国的830所学校,社会影响日益扩大。为了提高教学黏度,教学团队加大在线支持时间并积极参与学生讨论,师生讨论发帖超过101万人,团队教师在线时间最长达到800多个小时,极大地带动了学生们的线上互动学习讨论,提高了学生在线学习的积极性,仅第4~6期的师生讨论回复帖子就达到96万个。

2018年,重庆市教委召开高校在线开放课程培育推广工作研讨会、2017—2018年度重庆高校"在线名课"颁奖暨在线开放课程与资源库建设应用培训会,团队负责人段茂升应邀到会上交流发言,对相关高校的在线课程建设起到了一定的指导和引领作用。

各类与语言文字能力密切相关的竞赛中,学生多次获奖,得到社会的认同:学生在重庆市大学生成语大赛、高校微课教学比赛、第三届全国学生"学宪法讲宪法"活动重庆赛区选拔赛、重庆市第六届"中华经典诵写讲"大赛、中国大学生计算机设计大赛中多次获得一、二、三等奖。

(一)挖掘生活中的语言现象进行分析,引导学生透过现象看本质,训练学生历史辩证的思维方式,认识到语言文化的发展变化

如在第三讲"文字不是那么简单"中,通过引导学生了解文字的产生,对汉字简化、汉字构造、偏旁混同有一定的认识,让学生能正确分析错别字、拆字、网络热字等文字使用中的现象,树立汉字发展演变的观念,构建用历史发展的眼光看待事物的思维方式。在第四讲"词义演变就在生活中"让学生了解词义具有时代性,初步认识词义随着时代发展而发生着范围扩大、缩小、转移以及感情色彩、程度轻重的变化,正确分析一些成语或古语误用现象,进而用历史发展的眼光和辩证思维看待一些古词的新用法。

(二)提高学生理论与实践结合、学以致用的意识和能力

如在第二讲"生活中的语音现象"中,主要通过语音演变、方言韵母差异、语调停顿、儿化、异读字、押韵、谐音和人名读音等知识的讲解,引起同学们对生活中语音现象的兴趣和关注,或能择其可用之处而用之,或能进而扩展追踪生活中语音现象的科学解释。在第六讲"学点语用会说话"中让学生了解语用的作用、交际中的预设策略,懂得运用合作原则分析幽默的产生、运用得体原则分析称呼语、运用预设打破思维定式,了解社交中的称谓变迁,达到提升言谈技巧的目的。

文化翻译中课程思政体现
——英汉翻译基础课程设计案例

课程负责人｜秦中书

一、课程目标

1. 了解中英文化中的性别语言及性别偏见；
2. 掌握并运用女性主义翻译理论及策略；
3. 使用性别包容性表达及翻译。

二、课程设计思路

（一）教学方法

1. 线上线下混合教学法；
2. 探究法；
3. 案例法。

（二）思政元素

1. 客观看待中英文化中的性别偏见及性别语言，在文化传承和吸收方面要取其精华，弃其糟粕；

2.使用去性别化、性别包容性语言和翻译策略,为减少歧视、推动构建平等和谐社会贡献力量;

3.更好地讲述中国文化故事和树立中国女性形象。

(三)创新点

1.性别话题具有跨界性、社会性及研究热度,可锻炼学生批判性思维及关心语言与文化、翻译与社会的微妙关联;

2.所选语料为新闻报刊一手素材,有原创性;

3.结论不落窠臼,所倡导的性别翻译策略有推广价值;

4.智慧教学手段辅助,充分调动学生学习积极性。

(四)教学步骤(图1)

课前预习(线上)	1.《联合国性别包容性语言》 2.《汉英翻译的女性主义翻译策略探索》 3.《解决语言中的性别歧视,谁的做法更好?》 4.视频《未来的AI世界:看见女性力量》
课前活动(线上)	1.问卷调查——性别语言知多少? 2.投票:Noe-pronoun
课前活动(线上线下)	1.问卷调查结果——性别意识强不强?(线上) 2.导入:说文解字:"女""美"——文化中的性别偏见 3.无处不在的性别问题:翻译研究中的性别隐喻 4.女性主义翻译理论及策略简介及利弊分析 5.性别包容性翻译(线上随堂练习) 6.批判性思考:汉语中的性别歧视语言的英译——变译
课后活动(线上线下)	1.课后作业:《浮生六记》选段翻译 2.线上延伸阅读:学习通"资料"——《中国女性主义翻译研究探索——〈中国女性主义翻译:性别、性与审查〉评介》《品牌名称性别优势分析》

图1

图2

1.课前预习(课前一周):发布在学习通在线平台"章节",旨在锻炼学生的自学能力和对问题的捕捉能力。通过广泛阅读了解本讲主要涉及的话题和理论点:语言与文化中的性别偏见、性别包容性语言倡议、女性主义翻译理论的基本要点。

2.课前问卷调查(课前10分钟):发布在学习通在线平台,以测验学生对性别语言的敏感度及对背后原因的思考。如:哪吒是男孩还是女孩?Is God a girl?"英雄"是男性还是女性?机器翻译有性别偏见吗?

图3　　　　　　　　　　　图4

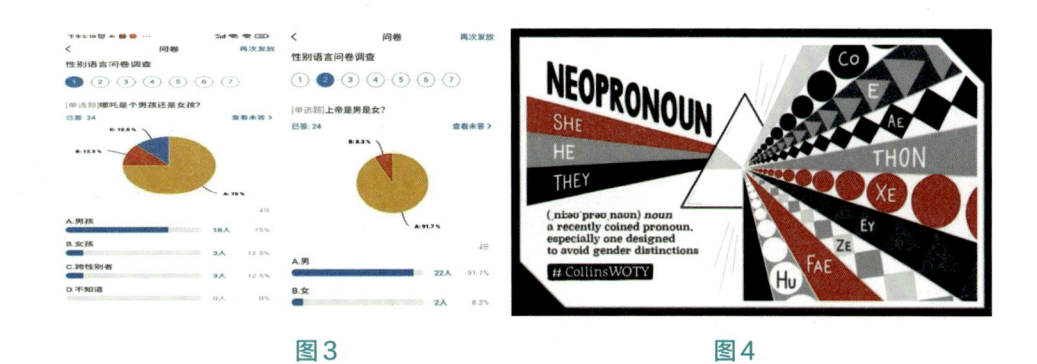

3.课堂教学(45分钟):线上线下混合教学

课堂导入:2021柯林斯英语词典年度词汇之一:Neo-pronoun,引出性别话题。(图4)回顾课前性别意识问卷调查,得出结论:对性别语言有一定认识,但存在性别定见。人们的性别意识不是天生的,是教化而成,是有文化基因的。

不同文化中的女性的次属地位。(图5)

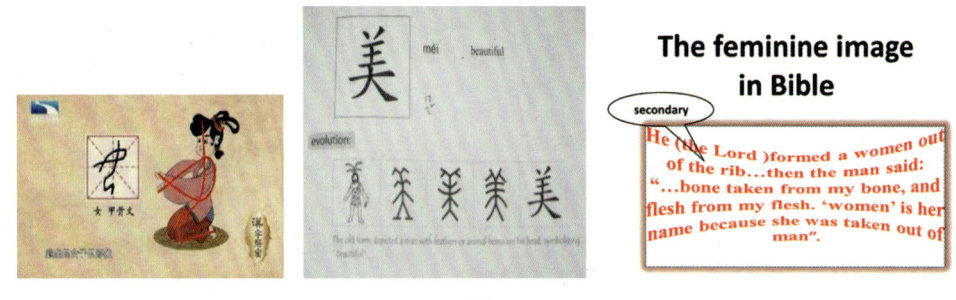

图5

无处不在的性别隐喻。(图6)

翻译界把原作与译作的关系比喻为男人和女人的关系,二者都需要忠实。

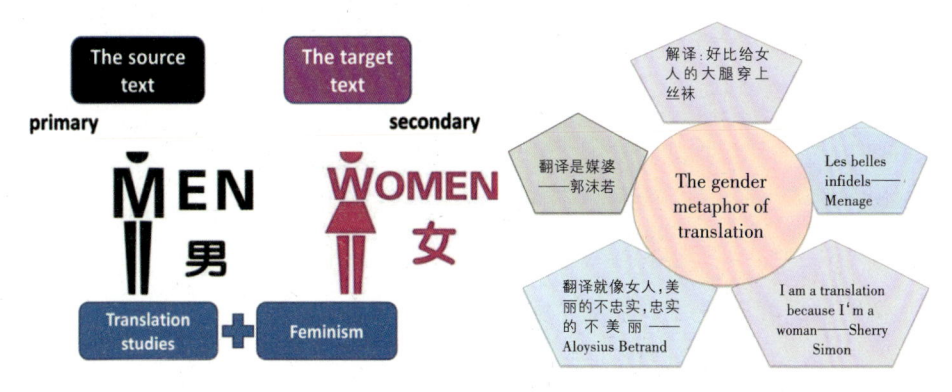

图6

女性主义翻译流派的不同倡议：（图7）

> Equal status between ST and TT
> Interventionist rewriting
> 干预性改写，意义创造

图7

Woman handling 女性化处理（通过文字游戏等方式醒目地彰显性别语境）。（图8）

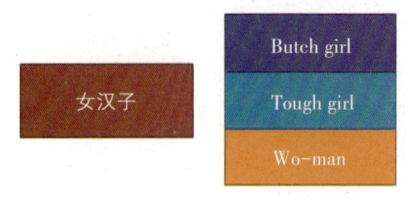

女汉子	Butch girl
	Tough girl
	Wo-man

图8

女性主义翻译策略。（图9）

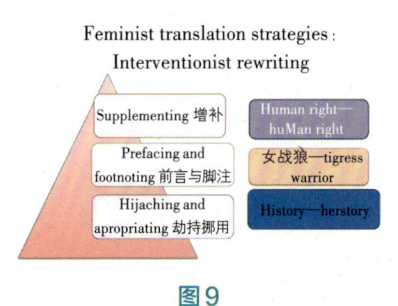

Feminist translation strategies：Interventionist rewriting
- Supplementing 增补 — Human right—huMan right
- Prefacing and footnoting 前言与脚注 — 女战狼—tigress warrior
- Hijaching and apropriating 劫持挪用 — History—herstory

图9

练习：运用女性主义翻译策略，彰显性别暗示。（图10）

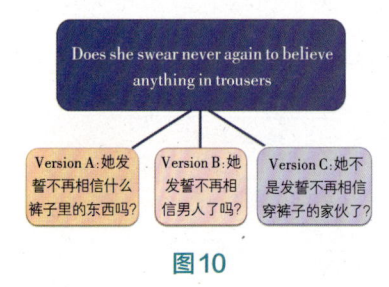

Does she swear never again to believe anything in trousers

- Version A：她发誓不再相信什么裤子里的东西吗？
- Version B：她发誓不再相信男人了吗？
- Version C：她不是发誓不再相信穿裤子的家伙了？

图10

女性主义翻译理论评价。（图11、图12）

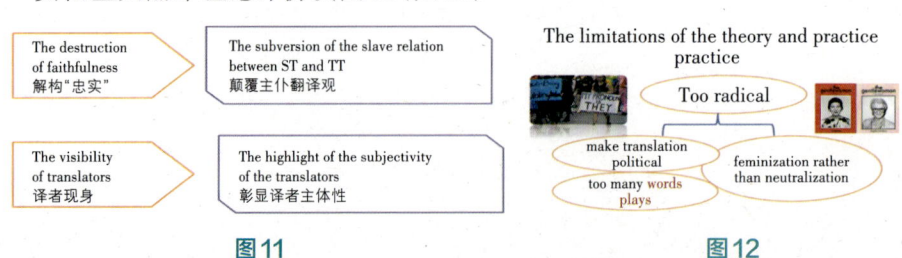

- The destruction of faithfulness 解构"忠实"
- The subversion of the slave relation between ST and TT 颠覆主仆翻译观
- The visibility of translators 译者现身
- The highlight of the subjectivity of the translators 彰显译者主体性

图11

The limitations of the theory and practice
- Too radical
  - make translation political
  - too many words plays
  - feminization rather than neutralization

图12

启发:鉴于女性主义翻译理论的局限性,建议采用去性别化翻译,使用性别包容性语言。(图13)

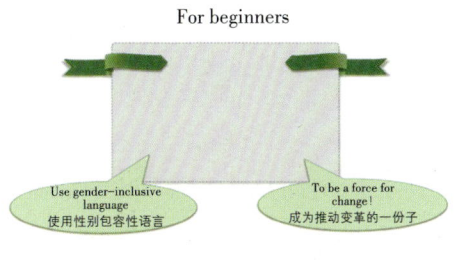

图13

随堂练习:学习使用性别包容性翻译。(图14)

图14

批判性思考:当性别问题与文化传播相遇时,如何重构中国女性形象?
取其精华,弃其糟粕,积极重构中国女性形象。(图15)

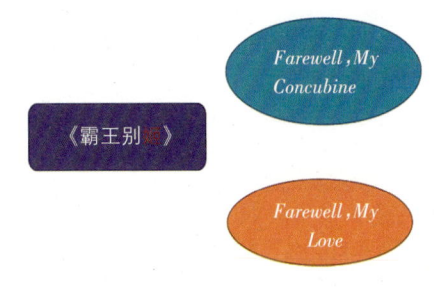

图15

作业:翻译《浮生六记》选段,尤其是其中的性别化称谓。(图16)

余虽居长而行三,故上下呼芸为"三娘";后忽呼为"三太太"。始而戏呼,继成习惯,甚至尊卑长幼皆以"三太太"呼之。此家庭之变机欤?

图16

课后在线延伸阅读:《中国女性主义翻译研究探索——〈中国女性主义翻译:性别、性与审查〉评介》《品牌名称性别优势分析》。

三 教学评价

过程性考核:通过学习通平台的"统计",可生成课堂报告、学情统计及成绩统计,对每一项线上教学活动进行量化统计,并打分,有效地管控课前课中课后各个环节的参与情况和任务完成度,第一时间动态掌握各个环节的学习情况,发放积分激励同学们积极参与。终结性评价(线下):课后作业成绩评定和相关测验。(图17)

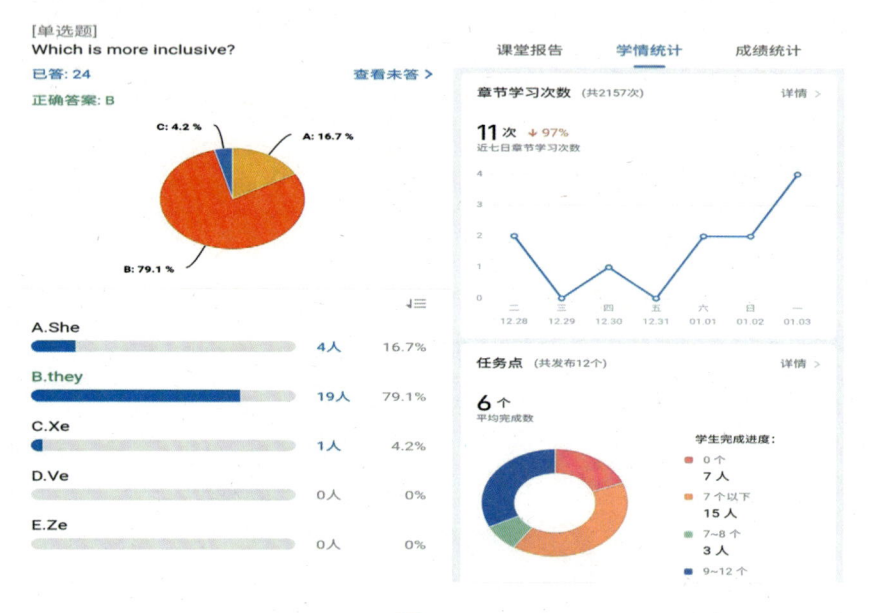

图17

通晓中外文化，增强民族自信
——大学英语（跨文化交际）课程思政教学案例

课程负责人｜张 可

一、课程思政教学设计情况

学校坚持以习近平新时代中国特色社会主义思想为指导，坚定社会主义办学方向，全面落实立德树人根本任务，秉承"知行合一，服务社会"的办学宗旨，深入践行陶行知教育思想的人才培养模式。

大学英语（跨文化交际）是一门必修的公共基础课，是大学教育的一个重要有机组成部分。课程设置要符合学校师范专业人才培养目标。课程的育人目标不仅是帮助各专业师范生掌握了解中华优秀传统文化，而且要进一步端正其世界观、人生观和价值观，使之力争成为"有理想信念、有道德情操、有扎实学识、有仁爱之心"的好老师。因此该门课程思政建设的重点方向是培养学生的家国情怀和文化素养，树牢文化自信，主要通过课程目标和教学内容这两方面来体现。

首先，课程目标重点突出立德树人，坚持教书与育人相统一。根据我校师范专业认证的要求以及师范专业的人才培养方案，该课程OBE版的教学大纲已修订完成，强化了课程的思想性，着力培养学生的思辨能力。该门课程在帮助学生学习英语语言知识、夯实语言基础的同时，了解比较中西文化特色和差异，认识中国优秀传统文化，牢固树立文化自信；实现该门课程教学目标与育人目标的有机统一。

其次,教学内容上突出显性教育与隐性教育相结合。教学内容主要是帮助学生讲好中国故事,坚定文化自信,具体涉及汉语、中国的饮食习惯、中国茶道、节日活动几大版块,课程思政融入点如表1所示。

表1 课程思政教学内容

学习情景	课时	思政融入点	思政教学目标
汉语与英语	8	介绍汉语历史、发音以及汉字	语言是文化的基石,通过汉语与英语的对比,了解两种语言的差异性,从而培养和提高学生的文化自信
美食与用餐礼仪	8	介绍中国八大菜系以及用餐礼仪	美食和用餐礼仪是文化的载体,通过中西方用餐礼仪的对比,了解文化的差异性,从而培养和提高学生的文化素养
休闲饮品:茶和咖啡	8	中国的茶与茶文化	休闲饮品是文化的组成部分,能正确地介绍中国的茶以及茶文化,对比中西方的休闲饮品文化,从而拓展学生的文化视野
节日与庆祝活动	8	中国的重大节日及庆祝活动	传统节日是文化重要的体现,分析中西方节日的差异性,从而帮助学生深入了解中华传统文化

(二) 课程思政教学实践情况

大学英语(跨文化交际)力争从提升教师自我能力、创新教学模式、改进教学方法与教学手段以及优化教学环节几方面入手,将课程建设目标融入课程教学过程中。

一是进一步提升教师自我能力。聚焦政治理论水平、古今中外文化史、教学策略、教学实践等方面,通过线上线下相结合的方式开展集中学习、自主学习,不断提升教师理论水平和教学素养。特别是学习国家精品课程在线开放课程,提升学习能力、教学能力、科研能力。同时,团队教师围绕课程主题、课程目标及任务,坚持问题导向、目标导向,不定期开展自我学习、教学实践的探讨、交流,提升自我水平。

二是创新教学模式。坚持共性与个性相结合,根据不同师范专业学生的实际情况以及课程思政教育的内容、要求,因材施教、因人施教,综合运用多种教学模式,着重探索运用范例教学模式、合作学习模式、现象分析模式等现代教学模式,分析问题,提高教学实效。

三是改进教学方法与教学手段。灵活运用探究教学、体验教学、情景教学等现代教学方法，突出渗透式教学，创设课堂氛围，激发学生内在学习动力和参与积极性，使思政教育潜移默化于学生心中，提高思政教育成效。

四是优化教学环节。建立健全课前—课中—课后全过程、全环节，完善教学内容。在备课形式上，推行"团队+小组"的方式，团队全部教师将根据课程思政的要求，共同讨论中国文化中传统服饰、饮食习惯、节气活动几大板块的整体方案。再根据所教授的学生的专业分成小组，一起讨论具体落实实际教学内容，并适当、适度增加课外学习资源。

（三）课程评价与成效

由于课程思政的特殊性，教育成效是通过学生的体验和获得感得到体现，所以，大学英语（跨文化交际）的评价以"多维度、多层次"为特点，以"定性为主、定量为辅"为原则，主要从学院、教师和学生三个层面进行。

首先，大学英语（跨文化交际）是一门公共必修课，所以，所教学院对该门课程的评价对该门课程至关重要。是否符合该学院的专业人才培养方案，是否辅助该学院落实立德树人等都是评价该门课程的关键指标。

其次，教师是课程思政的主体，是课程思政的第一主角，教师是关键，教师应用心、用情、用爱去教书育人，把课程思政当成一门学问去钻研。大学英语（跨文化交际）课程教学中，以课程单元为评价单位，在每个单元的教学大纲、课程目标、课程教案、课程课件等方面都要有可操作性的课程思政内容，以此进行评价。

学生对课程思政的评价是评价中的重点，也是难点。学生在课前、课中和课后接受课程思政的教育，课程思政实施前后学生价值观是否发生了变化，学生的成长变化是课程思政评价关注的重点，学生可借此衡量课程的有效性。

大学英语（跨文化交际）的考核评价机制将以课程思政中"人的全面发展"为指导思路，强调以学生为中心，既重视学生的学习过程，又重视学生的学习成果。因此，该课程分为了形成性考核与期末考核。其中，形成性考核又分成了多种形式，如：课堂考勤、课堂表现（学生回答问题、个人展示、小组活动、大组合作）、作业测试（思维导图、视频对话、作文、手抄报）、网络学习等。

目前，大学英语（跨文化交际）在已试点的学前教育专业得到了认可：在本课程开设之初，任课老师就通过集体备课的方式，查阅了跨文化交际领域的相关文献,分析了跨文化交际的代表性教材和著作,与时俱进地结合了课程思政,提出了适合我校非英语专业的跨文化交际的教学内容,压缩了教材中英语国家文化部分,减少了英语国家文化部分的课时,增加了中国文化部分的课时,细化了过程性考核方案,并在学前教育专业试教阶段得到了认可。调查问卷的结果显示,学生对大学英语(跨文化交际)的满意度达到80%以上。在2021—2022学年第一学期,学生的卷面成绩及格率为96.5%,总评成绩及格率为100%。在2022—2023学年第一学期,该门课程正式向数学与应用数学专业推广。

四 课程特色与创新

1.改革课程内容体系,做到"增"。"增"是指通过多种方式增加课程思政内容,让学生不仅能讲好中国故事,还具有一定的思辨能力。增强课堂的互动性、促进学生的课堂参与感,并着力培养学生在跨文化交际中的英语综合应用能力。

2.秉承以学生为中心的教育理念,推行"讲授+情景分析+自主学习"的教学策略,努力培养学生成为具有"一种意识和两种能力"的跨文化交际实践者,即不断学习的意识以及中国文化的表达能力和英语综合应用能力。

3."四结合",即教学过程与情景分析相结合、自主学习与讨论交流学习相结合、课堂学习与课后思考相结合、理论学习与实际应用相结合。

云游知天下　研学增自信
——带上文化去旅行课程思政教学案例

课程负责人｜赵　静

一、课程思政建设总体设计情况

（一）明确课程思政建设目标：坚定文化自信，弘扬传统文化

党的十八大以来，习近平总书记多次号召全党全国人民要坚定"四个自信"，特别是要坚定文化自信。他强调，坚定中国特色社会主义道路自信、理论自信、制度自信，说到底是要坚定文化自信。文化自信，是更基础、更广泛、更深厚的自信，是更基本、更深沉、更持久的力量。他指出，在五千多年文明发展中孕育的中华优秀传统文化，在党和人民伟大斗争中孕育的革命文化和社会主义先进文化，积淀着中华民族最深沉的精神追求，代表着中华民族独特的精神标识。基于此，带上文化去旅行课程以"坚定文化自信，弘扬传统文化"为课程思政建设目标。

（二）围绕"文化自信"目标，紧扣"美育"主题，确定课程思政主要内容

习近平总书记曾在全国教育大会上指出，要全面加强和改进学校美育，坚持以美育人、以文化人，提高学生审美和人文素养。美育是培养学生全面发展的路径，是提升文化自信的重要手段。带上文化去旅行是一门主要面向我校文理工科各类专业学生开设的在线选修课，课程围绕"文化自信"目标，紧扣"美

育"主题,将价值塑造、知识传授和能力培养融入教学内容,从旅游审美鉴赏的角度引导学生去熟悉和理解以中华传统文化为主的各类文化知识,以提高应用型本科学生的文化素养和审美能力。

二 课程思政教学实践情况

本课程坚持"如盐入水,有味无痕"的课程思政建设,将"坚定文化自信,弘扬传统文化"有机融入教学全过程。

(一)坚持"立德树人"与"文化自信"融合,全面落实"三全育人"重要任务

本课程在推进课程思政建设时,坚持将"立德树人"与"文化自信"有机融合,在教学内容与教学方法上,注重以美育人、以文化人,塑造正确的审美观、道德观与价值观;在课程安排上,注重课前公告内容的引导、课程内容的选择、课堂测验的侧重、课堂讨论及课后的设计、拓展学习资源的正确推荐等,落实了全员、全过程、全方位育人即"三全育人"重要任务。

(二)坚持"社会发展"与"课程主题"融合,满足学生对时代精神文化的需求

中国特色社会主义进入新时代,我国社会主要矛盾已经转化为人民日益增长的美好生活需要和不平衡不充分的发展之间的矛盾。大众旅游和全域旅游的时代,旅游体验的提升已不只要有良好的物质保证,还需要更多的精神和文化享受,而这恰好是以文化知识的积累和审美能力的提升为前提的。带上文化去旅行这门课程以文化为切入角度,契合社会发展趋势,通过学习者的旅游文化需求,提高其文化素养。

(三)坚持"以学生为中心"与"教学新方式"融合,将思政目标融入趣味"云旅行"的翻转教学课堂

本课程是面向多专业的公共选修课,选课学生数量较多,年轻学子是文化旅行的主体,通过开启趣味"云旅行"课堂,生动有趣地展示旅游文化,使学生能在喜闻乐见的学习过程中提高旅游审美鉴赏能力,有效提升文化自信。基于云课堂的充分利用,课程设计实现了从注重传授知识的"以教为中心"向"知识+思

维方式+想象力"并重的"以学为中心"转变。让学生独立思考,在线上发起师生、生生间的讨论,以及答疑互动,拓展资源学习等方式,引导其框架式自主学习。围绕并针对学生有效行为而专门设计微粒式知识并加以巩固、提升,最终形成学生的自我认知,使其全面掌握相应的知识体系,达到以学生为中心的学与教的高度互动融合,对弘扬传统文化的效果非常显著。

(四)坚持"自主学习"与"协作学习"融合,让学生在独立思考与相互影响中构建文化自信

课程充分利用网络平台优势,以"学习—巩固—延展"为思路,设计"知识要点颗粒化、检测方式多样化、拓展学习丰富化"的课程体系,培养学生的自主学习习惯与能力。按"颗粒化"方式组合小而精的知识点,通过听、看、做、思进行学习,重难点突出;通过测试题、作业和期末试题进行检测,分阶段、分题型巩固知识;提供丰富的文章、书籍、视频等参考资料进行延展学习。同时,通过讨论答疑方式,突破传统课堂桎梏,推动学生之间、师生之间的交流,协作学习,在相互影响中构建文化自信。

(五)坚持"弘扬传统文化"与"加强中外文明交流"融合,让学生坚持不忘本来、吸收外来、面向未来

教学内容采用"资源类别+典型景观"的形式,深入浅出地展示生动有趣的文化,围绕山水、城镇、饮食、建筑、艺术、宗教、民俗七类资源,选取中外典型景观(对象),舍去艰涩难懂的文化理论,通过图片、视频、讲解等多种形式,通过对比异同,以中国传统文化为主、外国文化为辅,展现丰富多彩的中外文化现象和资源,将"弘扬传统文化"与"加强中外文明交流"有机融合,让学生在领略旅行乐趣的过程中,正确认识中外文化及其关系。

三 课程特色与创新

(一)思政目标定位准确:通过对中外文化的充分了解,坚定文化自信,弘扬传统文化

如第七期2.4小节讨论内容设计:"基于不同的历史、社会生活、制度观念等,中国中世纪与欧洲中世纪对待山水自然颇有不同,结合你的学习思考,谈谈你理解的中国大河文明和西方海洋文明的异同?"讨论回复2026条;第七期4.1

小节讨论内容设计:"就餐时,中国人习惯用筷子,西方人习惯用刀叉,讨论这种生活习惯与方式的差异形成的原因,以及你经历或了解的相关趣闻。"讨论回复1562条,学生从历史、地理、经济、民俗等多维度结合分析,对中国传统文化的传播、中华文明悠久的发展,有了更为清晰的了解,既客观认识中外关系,更重要的是对中华文化更加热爱、认可与自信。

(二)实现目标的途径新颖:启动"云旅行",构建美育课

美育,又称美感教育,通过培养人们认识美、体验美、感受美、欣赏美和创造美的能力,从而使人们具备美的理想、美的情操、美的品格和美的素养。通过在线课程,可以面向更多的学生,通过年轻人喜欢的旅行内容,在美中陶冶性情,坚定文化自信。如第7期讨论:西湖,被赋予了多种"人化的自然"色彩,我们可以认为它是中国水文化之梦。根据你的理解,包括结合相关文字资料阅读、纪录片的观看等,聊一聊它所代表的水文化特色。讨论回复2076条。通过对自然山水的深入认知,培育对美的深层体验,加强文化自信,构建正确的生态文明观。

(三)选择的课程载体有吸引力:以旅游文化为课程载体

当下,旅行已成为大众,特别是年轻人喜欢的日常生活方式,但由于体系化的知识储备不够,旅行的文化与审美体验还存在提升空间。通过本课程的学习,学生可以具备丰富的文化知识和较强的审美能力,为拥有良好的旅行体验与收获打下基础,进而提升其审美感受和人文素养。

四 课程评价与成效

(一)课程利用网络平台设计多元评价体系,有利于全过程、全方位检验思政目标的达成度

思政内容融入教学全过程与全内容,本课程利用讨论、作业、测试、试题等内容作为多元评价体系标准,既注重学生参与学习的过程性评价,又开展终结性考核评价,综合评定课程成绩。

(二)校内选课学生多,累计达10000余人,覆盖面广,课程互动交流频率高,学习效果好

课程已运行13期,覆盖全校所有专业;学生评价良好,结课率较高。以第7期为例,选课人数近3000人,结课率达70%以上,优秀率达39%,学习效果好。

(三)选课高校多达40余所,应用范围广

校外学生主要来自北京大学、重庆大学、西南大学、重庆工商大学、四川外国语大学、西安工业大学、广东海洋大学、西北大学、宁夏理工学院、山西工商学院、北京第二外国语学院、重庆三峡学院、重庆电子工程职业学院、重庆三峡医药高等专科学校、重庆工贸职业技术学院等40余所高等院校。涉及经济学、管理学、音乐表演、英语、旅游管理、机械设计制造及自动化、法学、物流管理、医学检验技术等文、理、工、医科多种专业。本课程受众较广,充分说明在大众旅游时代,学习者对提升旅游体验的需求较高,同时,说明思政目标的辐射范围更广。

(四)课程评价较高

本课程于2018年被评为重庆市"月度在线名课",2021年被立项为重庆市高校课程思政示范建设课程,2021年被重庆市推荐申报国家级一流本科课程,以课程研究为基础,形成市级教改课题2个;以课程内容为基础,获市级微课比赛奖项3项,其中,二等奖3项,三等奖1项。

社会保障概论课程思政教学案例

课程负责人｜程 娟

一、案例一

"社会保障建设之路，伟大祖国复兴之路"——社会保障制度发展的历史沿革。

（一）课程教学目标

透过不同国家不同地区社会保障制度和理论的差异，寻求对于社会保障的一般的、共性的理解和认识，使学习者从宏观上把握社会保障的含义、特征、功能和内容体系。具体教学目标如下：

1. 了解传统农业社会家庭保障是如何发挥保障功能的；
2. 掌握现代社会保障制度的4个阶段：萌芽—产生—形成—发展；
3. 掌握我国社会保障制度的建设与发展历史。

（二）课程教学目标

通过对中外社会保障制度形成和发展历史的梳理，加深学生对社会保障制度产生原因以及发展过程中重大事件的了解，从而形成在社会保障问题上的历史观和发展观。

1. 形成对我国社会保障制度的正确认识。把握社会保障制度在保障民生、促进社会公平、维护社会稳定方面的功能发挥。

2. 了解我国社会保障建设不平凡之路。新中国成立70多年来,社会保障事业经历了从创建奠基、曲折动荡、改革探索、制度重构、加速普及到全面完善的过程。

3. 提升学生制度自信。让学生了解我国国史党史,在我国社会保障制度发展回顾和展望教学中,对新中国成立70多年来中国社会保障制度体系建设的成就进行回顾,阐述中国特色社会主义的社会保障制度的显著优势,增强"四个自信",坚定青年大学生走中国特色社会主义道路的信心和决心。

(三)思政育人案例设计及实施过程

1. 社会保障制度建设的漫长之路

社会保障制度经历了萌芽、产生、形成和发展4个阶段,历经4个世纪。17世纪初英国伊丽莎白时期的《济贫法》标志着社会保障制度萌芽;《济贫法》客观上讲体现了政府的一系列措施,促进了社会保障制度的形成,明确了这样的思想:国家负有救济贫民的责任。1883年德意志帝国颁布世界上第一部社会保险法《疾病保险法》,1884年颁布《工伤事故保险法》,1889年颁布《老年与伤残强制保险法》。德国的社会保险三法的颁布实施,使得国家对民众的生存保障,由社会救助发展到了社会保险,从而开启了社会保障制度化的历程,标志着人类历史上以社会保险为核心内容的现代社会保障制度由此产生。1929—1933年的经济大萧条给美国经济带来极大创伤,从胡佛时期"公共援助有害于道德力量的培养,易使受助者沦为奴隶的地位"到罗斯福新政,美国社会保障思想和相关制度逐步形成,其中最具影响力的思想是凯恩斯学派的政府干预思想。美国颁布的《社会保障法》是第一次使用"社会保障"概念,第一次以法律形式规定了社会保险、社会福利和社会救助等社会保障的内容。1952年国际劳工组织召开的第35届国际劳工大会通过的《社会保障最低标准公约》,为各国制定社会保障制度提供依据,社会保障制度推向全球。

2. 社会保障制度发展是强国之路

社会保障制度从社会救济发展到社会保险,到如今形成社会救济、社会福利、社会保险与社会优抚为主体的现代社会保障制度框架,历经了4个世纪,不仅是漫长之路,同时还是发展之路。社会保障制度的建立与各国经济发展紧密关联,是一部工业社会发展史,也是人类社会从农业生产向工业生产转型过程中,解决社会问题的发展史。这说明社会保障制度的建设需要强大的经济支撑,社会保障完善、保障水平高是建立在强大经济实力基础之上的。

3.我国社会保障制度建设是祖国伟大复兴之路

我国社会保障制度建设起步于新中国成立以后。历经70余年的发展,我国已成为世界上保障项目完备、覆盖全民、保障水平较高的代表,走出了一条中国特色社会保障道路,也为全球社会保障制度变革提供了中国经验。新中国成立70多年来,社会保障事业经历了从创建奠基、曲折动荡、改革探索、制度重构、加速普及到全面完善的过程。改革开放以来,随着中国特色社会主义制度的不断完善,我国在有限的经济基础水平之上,建设了覆盖城乡居民的多层次社会保障体系,彰显出"以人民为中心"的中国特色社会主义制度优越性,社会保障事业发展取得举世瞩目的成就。

二 案例二

"贫困的传递"还是"阻断贫困代际传递"?——社会救助。

(一)课程教学目标

了解社会救助制度的发展历史及其制度内容。

(二)思政育人目标

1.让学生理解"阻断贫困代际传递"的扶贫思路,促进全体人民共享改革发展成果、实现共同富裕的决心。我国经济社会快速发展,物质资料逐渐丰富,决战决胜脱贫攻坚和全面建成小康社会的目标已然达成,全民小康的目标要求最低生活保障发挥社会最后一道安全网的重要作用,必须给生活在最低生活保障线下的社会成员提供满足其基本生活需要的物资帮助,使困难群众摆脱生活困境,保障其最基本的生活水平,这是集体主义思想的必然要求。

2.让学生认识到我国在中国特色社会主义制度的保障下,逐渐形成了完善的受灾救助体系,可以充分利用公共资源和调动救助人员,通过给灾民提供基本生活资料和医疗救助,帮助其脱离灾难危险。

（三）思政育人案例设计及实施过程

1. 贫困的传递

"没有选择的穷人"，穷人的窘迫往往源于他们没有选择，而没有选择的主要原因之一是穷人在市场竞争中缺乏必要的文化资本。

2. 阻断贫困的代际传递

用案例和数据来阐述阻断贫困代际传递的扶贫思路，结合脱贫攻坚，阐释党的政策和促进全体人民共享改革发展成果、实现共同富裕的决心，以及中国特色社会主义制度的优越性。党的十八大以来，我们坚持以人民为中心的发展思想，明确了到2020年我国现行标准下农村贫困人口实现脱贫、贫困县全部摘帽、解决区域性整体贫困的目标任务。目前看，脱贫进度符合预期，成就举世瞩目。

三 思政育人案例设计及实施过程

1. 为什么需要社会养老保险

培养学生"知其所以然"的思维方式，在讲授"社会养老保险是什么"之前，先运用讨论的方式让学生理解"为什么需要社会养老保险"。

2. 我们如何应对养老

将当前的热点问题"老龄化""延迟退休年龄""家庭功能弱化"等有机地嵌入课堂讨论中，加强学生的分析能力，培养学生对社会热点问题的关注能力，提升学生对于社会服务类问题的专业敏感性。

3. 我国养老制度

让学生了解我国以居家养老为基础，社区养老为依托，机构养老为补充的多层次养老体系。让学生体会调动多方力量推动"以家庭为基础的多方参与、共同分担"的养老模式。(图1)在我国工业化、城镇化快速发展的背景下，家庭的人口规模日益缩小，家庭结构日趋核心化，"养儿防老"的传统观念受到挑战，家庭养老功能已开始弱化。计划生育政策加上大规模的人口流动，使得社区的"独居老人""空巢老人"大大增加，"4-2-1"的家庭赡养困局已开始出现。社会、政府、养老机构、社区在养老方面的作用日益凸显。在法制规范、政府主导的同时，还应努力调动社会各方力量，形成以家庭为基础的多方参与、共同分担的格局，真正实现老有所养、老能共享的民生目标。

图1 课堂上学生积极讨论养老问题

责任融于技术，技术支撑责任
——物流管理基础课程思政设计与实践

课程负责人｜双海军

一 课程思政建设总体设计情况

（一）课程思政建设目标：责任融于技术，技术支撑责任

习近平总书记在五四青年节对广大青年寄语中提出，青年要青春，要有担当、勇担当，要能够主动承担社会责任。社会责任感应该成为技术发展的动力，同时，技术创新也应该推动责任在社会当中的融入，形成责任融于技术，技术推进责任的技术文化引领社会责任模式。物流行业在社会经济的发展中一直发挥着不可小觑的力量，也体现了强烈的社会责任感。基于此，物流管理基础课程以"责任融于技术，技术支撑责任"为目标进行课程思政建设。

（二）基于思政目标，从柔性嵌入的角度搭建"专业内容+思政"的教育

思政教育重点强调育人有道，润物无声。在专业和思政融合教育的实施上，本课程采用分章节、分知识点的思政元素柔性嵌入，从专业知识引出思政元素和思政元素牵动专业知识两个维度将思政教育和专业教育进行有机结合，围绕"责任融于技术，技术支撑责任"思政目标，通过完善课程思政教学模式，丰富教学内容，创新教学设计，按照教材单元主题设置的方式，深入挖掘教学内容中蕴含的思政元素，以潜移默化、润物无声的方式，打造有温度的课堂教学，将课程育人目标融入教学的各个过程中。

二　课程思政教学实践情况

本课程作为物流管理专业学生的第一门专业课程，坚持以"润物无声"的形式进行思政教育工作，将"责任融于技术，技术支撑责任"思政元素融入教学工作当中。

(一)将三全育人与思政目标相结合，构建"三阶段+三融合+三思"的课程思政混合式教学模式

本课程在进行课程思政建设时，坚持将三全育人与思政目标相结合，全员、全过程、全方位进行思政元素融入，从社会贡献到行业定位再到技术自信，层层递进地引入思政元素，遵循教育教学和学生的成长规律，结合"课前观念引导、课中案例引入、课后效果评价""线上+线下"的混合式"三阶段"教学模式，挖掘"启思、引思、拓思"的"三思"课程思政元素，实现思政元素与教学内容融合、思政理念与课程标准融合、思政目标与教学设计融合的"三融合"；以 OBE 理念和蕴含课程思政元素的物流管理教材和案例依托，构建"三阶段+三融合+三思"课程思政混合式教学模式，形成"润物细无声"的课程思政范式。

(二)将教师引导与学生自主学习相结合，让学生在独立思考与相互讨论的过程中强化学习思维

授人以鱼不如授人以渔，与传统的授课式教学有所不同，本课程思政建设采用重学生自主，轻教师引导的形式进行，在教学的过程中采用启发式教学，以抛出问题、引入案例等形式，提高学生讨论频率，建立专业知识+发散思维的以学生为中心的教学模式。通过这种模式，以时代背景、行业发展为前提，以行业技术、行业贡献为核心，以提升社会责任感和技术自信为目的，让学生在潜移默化中拥有高效自主学习的能力，最终完成以学生为中心的教与学的高度融合。

(三)将线上教学与线下教学相结合，通过多变、灵活的授课方式提升教学质量

通过线上线下相结合的授课模式，打破传统教学中时间与空间的壁垒，以线上课程+线上行业指导教师+线下专业教师+分组团队协同探索的形式，充分利用线上教学平台，建立"细化的授课内容+便捷的复习模块+多样的应用测试"三阶段教学框架。线下课程建设内容包含契合立德树人、三全育人和行业发展

的融入思政元素的新版教案+课件+过程性考核方案,线上课程建设内容包含课程重点知识讲解视频集+物流行业、企业真实实景认知集+线上课程思政元素集+线上章节测试题库+线上案例库+课程评价互动单元,主要通过学习通+超星线上教学平台完成。

(四)将实践案例与课程教学相融合,通过理论联系实际促进学生深入理解教学内容

物流管理基础是物流管理专业的基础,教学过程长期以来以理论讲授为主,实践运用很少涉及,但其所涉及的采购、包装、仓储、运输、装卸、配送等物流环节包含了很多专业实践技能的内容,实践课程也必不可少。本课程建设主要以"企业导师组远程真实业务场景分享+学校专业教师组课堂内容配合",校企合作等形式来促进教学过程中理论与实践的结合,让学生实实在在、设身处地地感受行业技术的发展与社会责任的力量。

三 课程评价与成效

1.利用线下课堂+线上资源平台,以线上线下相结合的考核方式,能够全方位地对思政教育结果进行有效监控。通过信息化手段实现全过程细化考核,借助线上平台点名签到,文本学习、视频学习、自测、讨论、学习体会等的自助评分和线上线下相结合的互评手段,实现线上化、过程化、明细化、定量化。整个学习过程的成绩考核,采用平时过程考核、注重实践应用的能力考核与强调基础理论应用分析的最后试卷相结合的综合评价考核方式。

2.课程主要开设于物流管理专业,为专业必修课,开课范围具有专业针对性,效果良好,辐射范围广。本课程作为专业必修课,自学校物流管理专业开设以来,以每学年一次的频率进行开课,至今开课16次。采用线下面对面授课、讨论,线上资源库补足的形式,结合学习通、超星等信息化授课平台完成教学过程。

3.课程自开设以来,教学评价结果良好。教学评价结果主要来自校内同行与定向授课学生以及校外邀请来交流的同行。每一个开课周期,授课过程均由校内经验丰富的教师进入课堂了解授课情况,并提出相关建议及进行课堂教学质量评分,授课结束后,学生针对全过程的授课内容进行详细的评分并提出建议。总体认为师资团队经验丰富,主题选择有意义,内容设计合理,案例生动且具有很强的价值引领性,整个课程结构完整,教学效果反馈较好。

四 课程特色与创新

本课程以立德树人为导向,突出课程建设的"高阶性""创新性""挑战度",从时间跨度、空间维度、物质延度、思想深度等不同视角,全面系统地介绍物流管理的知识体系,以及从中可以获得的人生政治思想价值教育和启迪。以深度融入"双循环""去库存""供给侧结构性改革"等国家战略涉及的课程思政元素为导向,及时将应急储备案例等时政大事要事作为课程思政题材纳入课程教学,以物流企业真实问题为基本载体充实案例库设计作为思政元素映射点,以识别问题、分析问题和解决问题为路径优化教学大纲设计,学习者必将收获人生正能量,自觉融入伟大时代的发展主旋律之中。

(一)柔性融入:根据课程内容,以"责任融于技术,技术支撑责任"为主线,进行因章制宜的思政元素融入

如课程第二章,供应链管理内容设计。以"口罩背后:一个世界上最完整的产业供应链。在疫情初期抗疫物资极度短缺的时候,比亚迪迅速组建起了一支130条日产量500万只的口罩生产线,快速实现高量生产的背后,比亚迪经历了什么?"案例为切入点,带领学生主动思考:"疫情初期口罩复工生产为什么会有层层困难,一个口罩的生产到底需要哪些行业的共同支持?"从口罩背后的供应链网络引出供应链的具体结构以及管理模式等重要知识点,同时从国有企业在国家遇到困难时,人民遇到苦难时,凭借强大的技术力量以及社会责任感投身抗疫工作角度对学生进行思政教育。

(二)启发式思政教育:授课过程利用翻转课堂等形式,以设置主题为方法,学生思考为核心,进行启发式思政教育

如课程第一章,物流导论内容设计:"物流概念产生于1915年,在此之前,已经存在过哪些物流活动?"请各位同学通过查找资料,以课堂分享的方式来回答此问题。在短短45分钟内,同学们找到了"丝绸之路""驿站与八百里加急""空城计"等历史相关案例,分享了对我国物流发展之路的理解,从思维上主动进行了文化自信、技术自信、大国担当等思政元素的教育,通过该种教育方式,于无形中达到了"专业+思政"的教育目标。

"增美学素养，促文化自信"
——旅游美学课程思政实践

课程负责人｜唐 璐

一 课程目标

课程坚持立德树人，落实"三全育人"的重要任务。以"树立正确的审美价值观"为课程思政总体目标，紧扣"美育"主题，通过介绍著名的自然景观、园林景观、建筑景观、雕塑景观、绘画艺术、饮食文化等方面的自然景观与人文景观，以期培养学生树立正确的审美价值观、生态文明观，提升文化自信。

提升美学素养。重点介绍自然景观、人文景观审美的方法与原理，如：中国古典园林、民居建筑、古长城等的历史背景、构造理念等，提升学生的审美素养。

树立生态理念。通过鉴赏著名的自然景观（山岳、水域、沙漠、生物等景观资源），结合"两山理论""生态文明观"等政策知识，引导学生感悟自然景观的生态美（生命生态美、环境生态美、景观生态美、生态伦理美），实现尊重自然、顺应自然、保护自然的生态文明观念的引导，达到"内化于心，外化于行"的效果。

增强文化自信。通过介绍著名的世界自然遗产（张家界、泰山、三江并流等）、世界文化遗产（园林、石窟、古城、宫殿、寺庙等），解读其背后的文化内涵、历史典故、主要艺术成就，增强民族自豪感，提升文化自信。

植入家国情怀。以"乡村振兴""美丽中国"等国家战略的解读，以旅游服务者的审美要求来引导学生以专业所学服务国家所需，以"小我"融入"大我"。

培育工匠精神。以世界文化遗产——洛阳龙门石窟"卢舍那大佛""长城""秦始皇陵兵马俑"等典型艺术呈现,来阐释无私奉献的"工匠精神",这些工匠默默无闻,以其精湛的工艺创造了世界著名的文化遗产。

二 课程思政设计与思政元素

本课程以中共中央办公厅、国务院《关于全面加强和改进新时代学校美育工作的意见》为指导方向,全面落实"三全育人"的教学理念,立足专业人才培养方案、课程特色,深入挖掘课程思政元素。课程思政设计见图1。

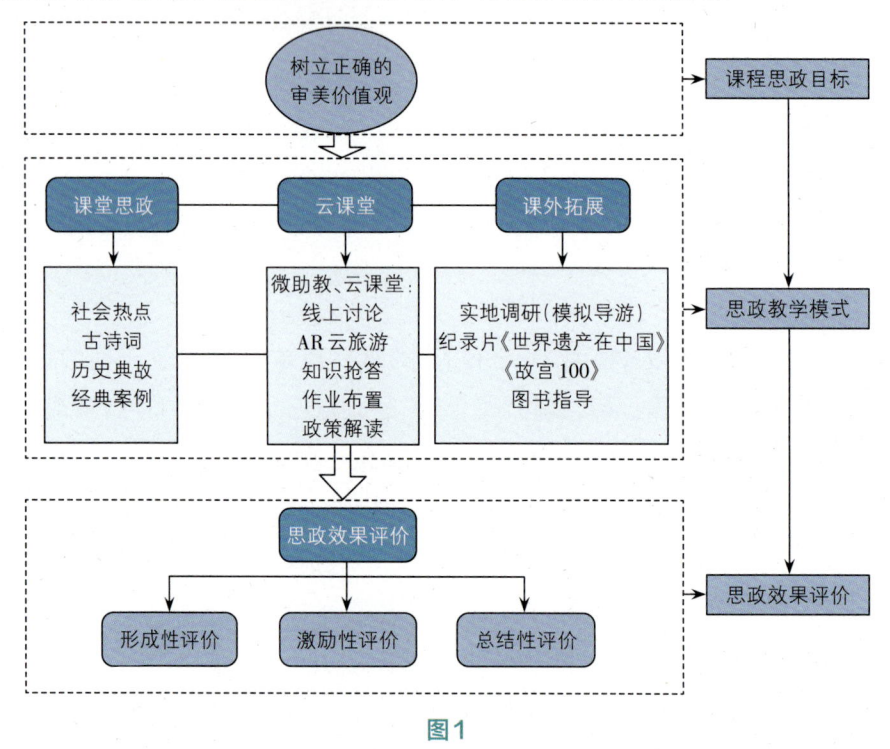

图1

(一)"学案导学"渗透思政

坚持立德树人,注重教学全过程,落实"三全育人"的重要任务。知识点结合中国古代朴素的哲学思想、诗词、案例,引导学生树立正确的审美价值观、生态文明观、提升文化自信。(表1)

表1

章节	章节名称	知识点	思政元素
第一章	绪论	美的本质、旅游审美	马克思"劳动创造美论"(梵高《农鞋》)旅游审美创造者:游客文明旅游、导游敬业精神
第二章	审美心理与旅游观赏原理	审美心理、审美体验	审美体验最高层次:悦志悦神(超道德)审美 古诗词融入:"天行健,君子以自强不息"(《周易》)
第三章	自然景观与审美鉴赏	山岳、水体、生物	生态伦理观:"两山理论"(生态文明建设) 育人目标:敬畏自然,增强使命感、责任担当
第四章	园林景观与审美鉴赏	中国古典园林赏析	皇家园林赏析:颐和园、圆明园、承德避暑山庄 育人目标:提升美学修养、激发学生的爱国情怀
第五章	建筑景观与审美鉴赏	建筑景观审美原理	建筑景观造型特征:举例"2020中国十大网红建筑" 育人目标:提升审美素养,培养正确的审美价值观
第六章	雕塑景观与审美鉴赏	中国著名雕塑景观赏析	中国古代雕塑作品代表——龙门石窟"卢舍那大佛" 育人目标:提升文化自信,培养敬业专注的工匠精神
第七章	中国绘画艺术与审美鉴赏	中国绘画艺术欣赏	岭南画派:"洋为中用、古为今用",开创"新国画派" 育人目标:培养学生"开拓创新"精神
第八章	饮食文化与审美鉴赏	中国饮食文化观念	饮食文明:真、善、美(反面案例"蛇咬鸡")、八大菜系 育人目标:了解中国的饮食文化、树立文明饮食观

(二)引用"云课堂"混合式教学理念

课程重视线下教学的引导与课后拓展资源的引入,重视学生文化素质的提升。坚持以学生为中心,采用混合式教学理念,打造趣味"云课堂"。充分利用"微助教""学习通"等线上学习平台,引导学生讨论社会时政热点、学习国家政策"生态文明建设""两山理论""生态旅游"等相关知识,观看《世界遗产在中国》纪录片"九寨沟""敦煌莫高窟"等。创设情境,运用好网络资源,如:"AR云旅游",带领学生入情入境,开展模拟导游。

（三）以学生为中心的"翻转课堂"

课堂坚持以"学生"为中心，通过在线平台发起师生、生生间的讨论，以及答疑互动，拓展资源学习等方式，巩固提升知识点的理解运用，通过学生自主学习、师生和生生间的协作学习，实现了"知识+思维方式+想象力"并重的教学模式，达到"以学生为中心"的学与教的高度互动融合。

三 课程评价与实施效果

本课程采用形成性评价、激励性评价、总结性评价三种方式相结合的评价方法，获得学校同行的一致认可，学生学习兴趣浓厚。

（一）形成性评价

采取"师评、微助教评、自评、互评"的方式，根据小组成员"态度、贡献度、协作度"、课堂活动参与度与积极性打分。

（二）激励性评价

通过"微助教"平台发布学习任务，按照课程进度与任务内容的完成情况打分；设置"抢答活动"——积分排行榜，通过正面引导建立争优争先的良好氛围。

（三）总结性评价

"微助教"阶段性测试，客观题——测试学生知识的掌握情况，主观题——考查情感态度和价值观。根据以上评价结果进行综合评判，检验学习成果与思政育人成效。通过创新改革，该门课程获得学生及教师、领导的一致好评，并于2021年10月荣获"重庆市2021年课程思政优秀案例一等奖"；管理学院"2021年春季'课程思政'说课比赛二等奖""2021年春季'课程思政'说课比赛最佳教案奖"。

四 课程特色与创新

（一）全过程融入思政育人元素

一方面，通过引入历史典故、社会热点、国家政策等巧妙地融入课程思政元素；另一方面在教学目标、教学内容、教学方式、课程考核等课程设计方面渗透思政教学元素，达成教学相长式协同育人。

（二）全方位设计互动教学模式

依托混合式教学，"课前—课中—课后—课外"全方位激发学生的学习积极性，通过线上自学、同伴督学、翻转课堂等多样教学活动与图像、影像、文字、模型等多种集体创作，达成价值情感内化于心。

（三）多维度拓展课外实践活动

通过实地调研，将理论知识真正转化为实践技能，最终形成关注生态、热爱旅游行业，以所学服务社会的外化于行。

五、教学案例

图2

互换性与测量技术基础课程思政教学案例

课程负责人｜强 华

一 课程简介

互换性与测量技术基础是机械类以及仪器仪表类专业的一门综合性、实用性很强的技术基础课程,将互换性原理、标准化生产管理、几何量测试等相关知识结合在一起,涉及机械产品零件的设计、制造、维修、质量控制与生产管理等多方面的问题。本课程也是机械类专业从专业基础课程过渡到专业发展课程的桥梁。总计43学时,其中包含9学时的实验,共计2.5学分。

本课程旨在使学生获得机械零部件互换性方面的基础知识和相关测试技术,培养学生综合成本、工艺、测量等技能及合理评价设计方案的能力。通过本课程的学习,为学生从事机电产品设计、制造、开发及科学研究工作打下坚实的基础,着力培养学生应用互换性原理解决复杂工程问题的能力。

二 课程目标

基于学校"1248"应用型人才培养思路,结合机械专业的人才培养目标,坚持以学生为中心,确立了本课程的知识目标、能力目标以及素质目标。(图1)

知识目标	能力目标	素质目标
1.理解互换性的内涵，学习并掌握有关尺寸公差、几何公差、表面粗糙度的国家标准以及典型零件表面的公差与配合国家标准。 2.掌握测量技术的基本知识和常用测量方法的基本原理。	1.学生能够根据机器和零件的功能要求结合互换性的内涵具备查阅应用相关国家标准，进行产品精度初步设计，并能正确地标注到图样上的能力。 2.具备选择合理通用计量器具，设计专用计量器具，使用计量器具检测机械零部件尺寸误差、形状和位置误差，并具有分析测量结果的能力。	培养学生的专业思维，强调工程伦理和行业情怀的培养，并在新工科视域下形成高阶思维、树立家国情怀、激发奋斗热情，逐步养成勇于挑战自我、逐步形成科学思维和现代工程意识。

图1　课程目标

（三）课程思政的元素融入的设计

1. 将思政元素结合到具体的知识点上

例如：大国工匠方文墨和他创造的"文墨精度"，认识工匠精神的实质，与"公差与偏差的区别"的知识点结合起来，公差是零件制造精度的体现。

2. 课程思政的元素融入做到延伸案例蕴含的深层次含义

例如：讨论轴承精度时联系中国是轴承大国，居世界第三位，产量占全世界的五分之一，但在强度、可靠性、安全服役寿命等方面与发达国家有着相当大的距离，在制造高精度的轴承方面，还有许多需要完善的工作要做。插入这些行业发展信息，能有效增强学生的忧患意识，有利于激发学生的潜能，使学生看得更深、更广，计划得更长，培养学生责任意识、担当意识、使命意识。

四 课程思政的元素在教学中的实施过程

(一)案例如何体现课程思政教学目标

结合视频演示、高清图片、启发式思考,从工程实例、典型人物等入手,引出要讨论的问题,结合具体的案例引发学生认知。通过和国外比较,发现存在的差距激发学生以身爱国,投身机械,科技强国的热情。

(二)教学过程具体实施

第7章 轴承的公差与配合

思政融入点:

分组讨论滚动轴承的发展现状、与发达国家的差距、轴承生产技术的核心、中国高端轴承的突破。通过了解中国轴承的发展历程,从轴承制造大国向制造强国迈进,从高端轴承进口到高端轴承国产化进军。

教学内容:

1. 滚动轴承概述
2. 滚动轴承的精度等级及其应用
(1)滚动轴承的精度等级。
(2)各个公差等级的滚动轴承的应用范围。
3. 滚动轴承内、外径的公差带

教学过程:

1. 教师提问
(1)关于标准件类型,学生对于轴承的了解情况。
(2)滚动轴承外圈与壳体孔、内圈与轴径分别采用哪种配合制?
2. 利用学习通活动库"选人"功能随机抽查学生回答,并根据学生回答情况记录过程性考核成绩
3. 根据学生回答情况进行小结

滚动轴承是标准件,其外圈与壳体孔的配合采用基轴制,内圈与轴颈的配合采用基孔制。

4. 讲解讨论轴承的精度等级
(1)视频播放:中国轴承制造行业发展情况以及为什么轴承是一个国家工业水平的体现等视频。(图2)

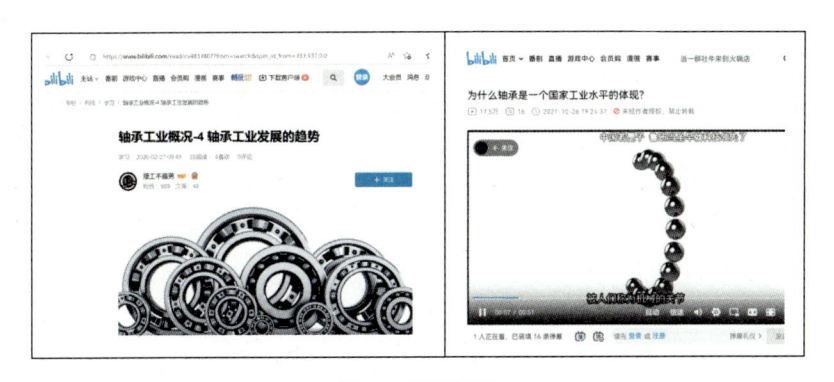

图2　视频播放

（2）课堂讨论：轴承精度。

（3）思政元素融入

通过观看视频，了解到我国是轴承大国，居世界第三位，产量占全世界的五分之一，但在强度、可靠性、安全服役寿命等方面与发达国家有着相当大的距离。我国在制造高精度的轴承方面，还有许多需要完成的工作要做。融入这些行业发展信息，能有效增强学生的忧患意识，有利于激发学生的潜能，使学生看得更深、更广，计划得更长，培养学生责任意识、担当意识、使命意识。

5.滚动轴承内、外径的公差带

6.轴承的选择

应综合地考虑轴承的工作条件、作用在轴承上负荷的大小、方向和性质、工作温度、轴承类型和尺寸、旋转精度和速度等一系列因素。

7.课堂总结

（1）滚动轴承是标准件，其外圈与壳体孔的配合采用基轴制，内圈与轴颈的配合采用基孔制。

（2）滚动轴承的精度等级必须满足必要的旋转精度及滚动体与套圈之间的径向游隙和轴向游隙。

（3）选择轴承配合时，应综合地考虑轴承的工作条件、作用在轴承上负荷的大小、方向和性质、工作温度、轴承类型和尺寸、旋转精度和速度等一系列因素。

8.教学的成效与反思

本课程在教学过程中重视知识的生成与呈现，采用任务驱动法、案例教学法等师生互动、生生互动的教法与学法，激发学生的学习兴趣，调动学生的学习热情，在教学活动中注重激发学生的家国情怀和使命担当。

教师肩负为党育人、为国育才的使命，课堂教学是落实立德树人根本任务主渠道，教师应严格要求自己，提升专业能力，加强理论学习，提高思想政治素养。在实践教学的过程中灵活运用教学方式，有机融入课程思政元素，优化课程设计，构建有效课堂。

格物致知　传承发展　育人育心
——大学物理课程思政教学案例

课程负责人｜邓凌云

一、课程简介

物理学是研究物质的基本结构、相互作用和物质最基础最普遍运动形式及其相互转化规律的学科,它是自然科学许多领域和工程技术发展的基础。

大学物理是我校理工科专业的重要基础课,通过本课程的学习,学生对物理学的基本概念、基本规律和基本方法等有较系统的认识和正确的理解,培养学生科学思维、勇于创新,为后继专业课程的学习及进一步获取有关知识奠定必要的物理基础。

二、课程目标

课程目标1:掌握运动学、动力学、刚体的定轴转动、静电场、稳恒磁场、电磁感应的基本规律。

课程目标2:能综合运用知识,培养学生发现问题、分析问题和解决问题的能力。

课程目标3:具有辩证唯物主义的世界观、严谨求实的科学精神,养成科学思维习惯,树立终身学习和敢于创新的意识。

三 课程思政实施与特色

（一）"三协同"深挖课程思政元素，构建大学物理课程思政库

将知识目标、能力目标和思政目标三目标协同，找准切入点，深入挖掘课程思政元素，构建大学物理课程思政库。（表1）

表1 大学物理课程思政库（部分思政元素）

章节	知识点	思政目标	思政切入点
质点运动学	质点模型	辩证唯物主义方法论	模型建立考虑主要因素
	位置的描述	爱国情怀	北斗导航卫星系统定位、抗美援朝战争中志愿军空军飞机定位
	速度的描述	家国情怀 文化自信	由古诗词"千里江陵一日还"分析速度
质点动力学	动量定理	家国情怀 科学精神	天问一号发射、卫星调整姿态
	动量定理	价值观：社会公德	讨论高空抛物的社会热点 城市中开车的限速问题
	功、动能定理	科学精神	微积分的思想
刚体定轴转动	角动量守恒定律	家国情怀	奥运会花样滑冰、跳水等运动，机械陀螺和高精度激光陀螺的差异分析
	角动量守恒定律	科学精神	角动量定理和动量定理的学习思路的一致性
	角动量守恒定律	爱国情怀 探索精神	天宫课堂视频观看
	角动量守恒定律	协作精神 终身学习	角动量守恒定律的应用资料查阅、小组讨论等
静电场	电场本质	辩证唯物主义方法论	电场是物质
	静电屏蔽	爱国情怀 探索精神	富兰克林冒着生命危险用放风筝的方式去研究雷电，发明了避雷针
	静电屏蔽	创新精神	手机包在锡纸里，接收不到信号
	电容器的并联与串联	价值观：社会公德	小我融入大我的意识
稳恒磁场	霍尔效应	科学精神 文化自信	未来航天霍尔发动机

续表

章节	知识点	思政目标	思政切入点
电磁感应	法拉第电磁感应定律	科学精神 创新精神	法拉第的小故事
	电磁波	爱国情怀	中国天眼
	麦克斯韦方程组	价值观:社会责任感	关注社会问题:电磁辐射带来的电磁污染

(二)"点、线、面、体""四融入"方式,育人无声促发展

将思政元素通过"点、线、面、体""四融入"方式,春风化雨,育人无声。(图1)

图1 课程思政"四融入"方式

(三)BOPPPS模式翻转课堂,激活课堂活力,问题解决中提质增效

采用BOPPPS模式翻转课堂,吸引学生参与课程学习。以问题为导向创设学习情景,通过案例导学、课前学习与检测,课中学生自主探索、合作研讨、反思与总结、巩固提升,交叉互评、课后拓展等环节让学生积极参与课前、课中和课后的全过程。在全过程参与中,有效提升学习效率。(图2)

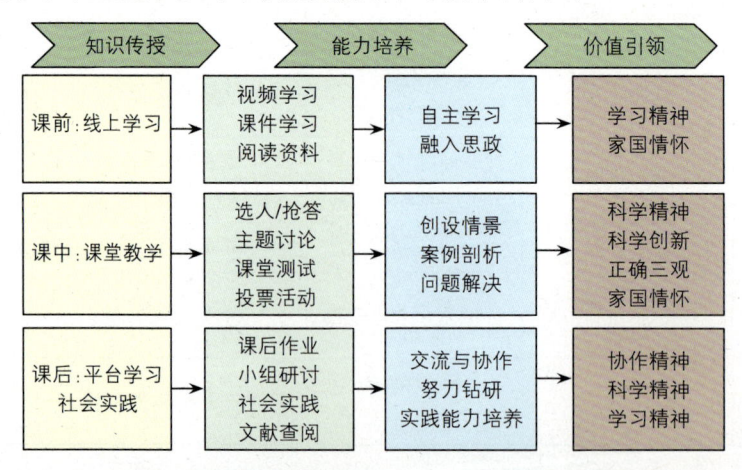

图2 课程思政融入BOPPPS混合式教学模式

四 典型教学案例

(一)案例名称

角动量定理和角动量守恒定律。

(二)教学目标

知识目标:讲述角动量的定义,解释角动量定理和角动量守恒定律。

能力目标:能应用角动量定理和角动量守恒定律分析解决实际应用中的问题,在参与问题讨论中,提升团结协作能力。

思政目标:提升家国情怀,增强文化自信、民族自豪感,养成不畏艰难、严谨求真的科学精神,树立创新意识,培养协作能力。

(三)教学设计与组织实施(表2)

表2 教学设计与组织实施

教学环节	教学内容	教师活动	学生活动	设计意图
线上学习、测试(1学时)	学生课前在重庆高校智慧教育平台完成线上学习	教师在重庆高校智慧教育平台发布学习任务	学生在平台领取学习任务,完成知识点视频和PPT的学习,完成学习测试,了解自己学习情况	学生在课前进行学习,熟悉基本概念和定律,培养学生自学能力。便于教师掌握学情,有效设计翻转教学
导入(2min)	通过奥运会花样滑冰运动和跳水运动视频引入新课	播放奥运会花样滑冰运动和跳水运动视频	认真观看视频,感受美、体会大国体育精神	导入新课,【思政融入】通过大国体育精神提升家国情怀
目标(2min)	1.理解角动量的概念 2.理解角动量定理和角动量守恒定律 3.能用角动量守恒定律解释生活现象,解决问题	向学生介绍学习目标	明确学习目标	明确学习目标,聚焦教学内容,学习目标可衡量、可评价

续表

教学环节	教学内容	教师活动	学生活动	设计意图
前测点评（2min）	呈现当前学习情况和效果，并提示学生重难点	向学生展现课前测试完成情况，对错误率高的同学提醒注意	了解自己学习情况，抓住学习重点和难点	明确学习重难点以及梳理学习问题
翻转课堂参与式学习（15min）	一、角动量的定义 对于定点转动而言：$\vec{L}=\vec{r}\times\vec{P}=\vec{r}\times(m\vec{v})$ 对绕固定轴转动而言：$L=\left(\sum_{i}^{N}\Delta m_{i}r_{i}^{2}\right)\omega=J\omega$ 二、角动量定理 微分形式：$Mdt=d(J\omega)=dL$ 积分形式：$\int_{t_0}^{t}Mdt=J\omega-J\omega_0$ 或 $\int_{t_0}^{t}Mdt=L-L_0$ 三、角动量守恒定律 1. 角动量守恒的条件：$M=0$ 2. 角动量守恒的内容：则$dL=d(J\omega)=0$，或$L=J\omega=$常量 3. 角动量守恒定律使用的近似条件 四、角动量守恒定律的应用	1. 教师引导学生自主讲解角动量的概念，练习角动量的求解 2. 设问引导学生思考为什么要引入角动量？引导学生思考物理概念的意义 3. 教师引导学生分享角动量定理的内容以及物理意义 4. 教师引导学生分享角动量守恒定律的条件和内容 5. 引导学生用角动量守恒解释花样滑冰运动和跳水运动	1. 在教师引导下，主动分享角动量的概念以及求解。体会物理思维之美 2. 思考角动量的物理意义 3. 分享角动量定理，讨论其意义 4. 分享角动量守恒定律，明确条件和内容 5. 用角动量守恒解释生活实例	1.【新知识翻转学习】学会自主学习，培养学生学习能力 2.【小组讨论】理解角动量的物理意义；学会用角动量守恒解释跳水和花样滑冰运动等生活实例，培养协作能力 3.【思政融入】体会质点运动和刚体定轴转动，体会不同知识点之间相同的物理思维内核
讨论式学习（8min）	用角动量守恒来解释太空转身现象	【播放视频1】太空转身 【提问】太空转身的原理是什么？ 【总结】	【观看视频1】【分组讨论并回答】理解太空转身的原理	【讨论回答】提升学生分析问题和解决问题能力、协作能力 【思政融入】通过天宫课堂让学生体会趣味物理，同时展现祖国航天人的不畏艰难、坚持探索的精神

续表

教学环节	教学内容	教师活动	学生活动	设计意图
例题讲解（8min）	PPT例题讲解	例题讲授，总结方法	理解角动量守恒的应用，抓住重点，突破难点	掌握角动量守恒定律的定量计算
后测（5min）	学习通发布课堂练习进行测试	发布测试题	完成测试	评估学生学习效果，检验是否达成学习目标
总结（3min）	总结内容并用思维导图呈现	带着学生梳理知识要点	复习知识，反思概念、规律以及应用	梳理知识，培养学生养成总结和反思的习惯
作业布置	1.【解释生活中现象】P75 3-17 2.【定量计算】P75 3-18	布置任务，让学生复习和练习	复习巩固	培养学以致用的能力
课外拓展	1.角动量守恒在生活中有哪些应用？ 2.了解航天英雄有哪些，说说你从他们身上学到了什么？ 3.在虚拟仿真平台完成《三线摆法测刚体转动惯量的测量》	1.学习通发布任务 2.虚拟仿真实验平台发布任务	1.资料查阅与讨论 2.在学校虚拟仿真实验平台完成实验。	养成终身学习的意识

数学专业导论课程思政教学案例

课程负责人 | 薛海波

一　课程目标

通过本课程的学习：了解数学本科主干课程的知识结构和框架内容；了解数学进阶路径和相关分支的关系；了解现代数学学科的知识体系；了解数学热点与前沿动态；了解教育类课程的框架内容；了解常见的数学思想和方法，了解数学的作用、与其他相关学科的联系以及数学的应用领域，培养对数学学习的兴趣；了解本学科与实践应用的联系；理解在数学的学习中数学抽象、逻辑推理的重要作用，在解决数学问题的过程中培养锲而不舍、坚韧不拔的自主学习习惯；在数学背景和数学文化的熏陶下养成良好的人文情怀，充分认识学海无涯的客观现实，树立终身学习的理念；了解数学的简单发展历史，以批判性思维审视和质疑各种条件和结论，不断培养自主反思及创新创造能力，形成自己的知识和观点。

二　课程思政教学实践情况

案例1： 数学的作用与应用领域简介

思政目标： 通过讲述自史记中"运筹帷幄"起，就已经有了数学的运筹学学科的雏形，增强学生民族自信。数学在海湾战争中的作用，让学生意识到所学专业的重要性，增强专业认同。

教学内容：

1. 数学与其他学科的关系
2. 数学强国与世界强国

教学过程：

1. 课程导入：学习通视频播放

【思政元素】在史记中"运筹帷幄"，就已经有了数学的运筹学学科的雏形，增强学生民族自信。数学在海湾战争中的作用，让学生意识到所学专业的重要性，增强专业认同。

2. 数学与其他科学的关系

数学与艺术　　　　数学与经济

数学与军事　　　　数学与密码

数学与计算机　　　"两会"中的数学

【思政元素】了解数学与其他学科的关系；了解数学应用领域的广泛性。

3. 数学强国与世界强国

数学实力往往影响着国家实力，世界强国必然是数学强国。数学对于一个国家的发展至关重要，发达国家常常把保持数学领先地位作为他们的战略需求。17—19世纪英国、法国，后来德国，都是欧洲大国，也是数学强国。17世纪英国牛顿发明了微积分，用微积分研究了许多力学、天体运动的问题，这在数学上是一场革命，由此英国也曾在数学上引领了潮流。

图片展示

【思政元素】052D驱逐舰，彰显军事，增强学生民族自豪感，从而为建设科技强国而奋斗。

4. 作业

查阅资料，制作读书卡，主题"数学与……"

案例2：数学人物、数学奖项简介

思政目标：坚持不懈，勇于探索，献身科学事业的大无畏精神；奋发图强，勤奋学习，奋斗不息，脚踏实地的工匠精神。了解中国数学家，厚植学生爱专业情怀，强化学生对专业的热爱和信心，激发学生学习与研究的热情，增强学生民族自豪感，增强学生民族自信。使学生认可教师这一职业，具有从事中学数学教育或教学研究的热情。

教学内容：

1. 西方古代、近代数学家
2. 中国数学家
3. 数学奖项简介

教学过程：

1. 课前预习

学习通视频播放：西方古代、近代数学家

【思政元素】坚持不懈，勇于探索，献身科学事业的大无畏精神；奋发图强，勤奋学习，奋斗不息，脚踏实地的工匠精神。

2. 中国数学家

课堂部分视频展示，激发学生的爱国情怀。

华罗庚"宇宙之大、粒子之微——无处不用数学"，吴文俊的《数学教育不能从培养数学家的要求出发》。

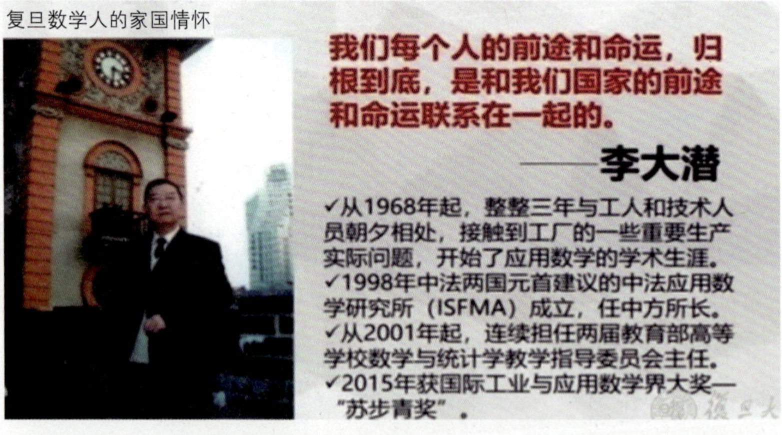

【思政元素】了解中国数学家,厚植学生爱专业情怀,强化学生对专业的热爱和信心,激发学生学习与研究的热情。

3. 国际数学奖项介绍

4. 中国数学奖项介绍

苏步青数学教育奖:1991年9月,在第七个全国教师节期间,根据项武义教授夫妇和谷超豪院士、胡和生院士夫妇的共同倡议,由复旦大学、上海市教育局、上海市中小学幼儿教师奖励基金会联合发起设立"苏步青数学教育奖"。目前,"苏步青数学教育奖"是在教育部的支持下设立的国内第一个奖励从事中学数学教育工作者的奖项,也是我国中学数学教育界最高奖。

"苏步青数学教育奖"获奖者需具备以下三个条件:

(1)从事中学数学教育或教学研究15年以上,而且现在仍然直接从事中学数学教育或教学研究;

(2)热爱社会主义祖国,忠诚基础教育事业,教书育人,为人师表,有良好的师德;

(3)在中学数学教育研究、改革、发展和人才培养等方面有突出成就,并已产生一定影响。

苏步青奖:在2003年7月于澳大利亚悉尼召开的国际工业与应用数学联合会理事会年会上,通过了由中国工业与应用数学学会(CSIAM)提出的设立ICIAM苏步青奖的建议,ICIAM苏步青奖是以我国数学家命名的第一个国际性数学大奖,旨在奖励在数学领域对经济腾飞和人类发展的应用方面做出杰出贡献的个人,每四年颁发一次。首届ICIAM苏步青奖于2007年在瑞士苏黎世举行的第6届国际工业与应用数学大会开幕式上颁发。

陈省身奖:2009年6月,国际数学联盟宣布设立"陈省身奖",这是国际数学联盟首次以华人数学家命名的数学大奖。陈省身,汉族,美籍华人,国际数学大师,21世纪世界级几何学家,被誉为"微分几何之父"。

【思政元素】增强学生民族自豪感,增强学生民族自信;认可教师这一职业,具有从事中学数学教育或教学研究的热情。

5. 作业

查阅资料,制作读书卡,主题"数学家——"。

树立科学自信　激发科技报国
——计算机导论课程思政探索与实践

课程负责人｜陈滢生

一 课程思政教学目标

计算机导论是面向计算机类专业学生开设的一门学科基础课。课程旨在全面、概括性地讲述计算机学科的基础知识，引导学生了解世界信息产业的发展水平和前沿的计算机技术，理解信息化在国家未来战略中的重要地位，加深学生对专业的认知，增强学生对我国科学技术发展的自信心，培养学生科技报国的家国情怀和使命担当。

二 课程思政元素设计

课程落实立德树人的根本任务，针对课程授课内容，从家国情怀、专业水平、科学思维、人文素养以及职业道德等5个方面进行"五位一体"课程思政教学。

（一）培养家国情怀，弘扬爱国主义精神

课程将爱国主义教育贯穿课程教学全过程，能够更好地回答"培养什么人、怎样培养人、为谁培养人"的根本问题，通过案例教学将课程思政有机融入知识中。中国春秋时期的"算筹"是世界上最早的计算工具，在现代的计算机发展过

程中,我国自主研发的"天河二号""神威·太湖之光"多次登顶超级计算机性能榜首,能激发学生的民族自豪感。通过美国断供华为芯片事件让学生理解科学技术是第一生产力,让学生明确自己身上肩负的历史使命,培养学生以改革创新为核心的时代精神,引导学生树立以爱国主义为核心的民族精神。

(二)增强专业自信,提升专业知识水平

课程涵盖知识面很广,包括计算机领域相关理论知识、应用技术和热点研究问题。通过课程学习让学生了解专业领域研究的主要内容,初步建立计算机学科的框架,引导学生培养正确的学科专业思想,树立专业学习的信心和自豪感,更好地适应社会的需求,为后续专业课程的学习打下基础。

(三)培育科学思维,激发创新意识

课程以应用技术型人才培养为目标,培养学生解决问题、分类、抽象思考的思维能力,帮助学生运用计算思维来解决实际问题,激发学生的创新精神,鼓励学生勇于探索、敢于创新,为社会进步和发展作出贡献。

(四)挖掘人文内涵,强化人文素养培育

课堂教学涵盖对自然科学知识的讲授,同时注重渗透人文素养,不仅是传授知识、形成技能的过程,也是学生开启智慧与思考的过程,更是一种人文素养和科学文化浸润与陶冶的过程。在讲解计算机对于无符号整数、有符号整数以及浮点数的表示方法,有符号整数的正负溢出问题,对应了我国俗语"水满则溢,月满则亏"的道理,也呼应了"否极泰来""物极必反"的哲学思想。为防止中华优秀传统文化的流失,借助先进的信息科技加深学生对中华优秀传统文化的理解与创新。比如将剪纸、泥塑等传统手工技艺以三维建模形式保存下来,使用人工智能技术分析古代文献,用计算机图形学和虚拟现实技术等创作出具有民族特色的虚拟场景和人物等,使学生能够以全新的方式体验和了解中华优秀传统文化的魅力。

(五)树立正确价值观念,提高职业胜任力

课程通过介绍职业道德和职业素养的要素,让学生了解IT从业人员应具备的基本素养。讲述阿桑奇的维基解密、棱镜计划等案例,让学生明白网络安全涉及国家关键基础设施安全、数据安全、个人隐私等方面,增强学生的职业正义感,鼓励学生运用所学知识保护公民的信息财产安全。

三 课程思政教学实践

课程坚持以学生为中心、产出为导向、持续改进,不断提升学生专业知识和技能,通过加强教学团队融合,丰富教学内容,改进教学方法与手段,加强学生思想政治素养的培育。

(一)思政元素融入教学内容,让课程思政有高度

全面深入分析课程教学内容的章节知识点,从人才培养目标、爱国精神、工匠精神、职业伦理道德、安全隐私保护等方面深入挖掘、提炼思政元素。建设课程思政案例资源库,形成"知识点+思政元素"融合式教学案例。(图1)

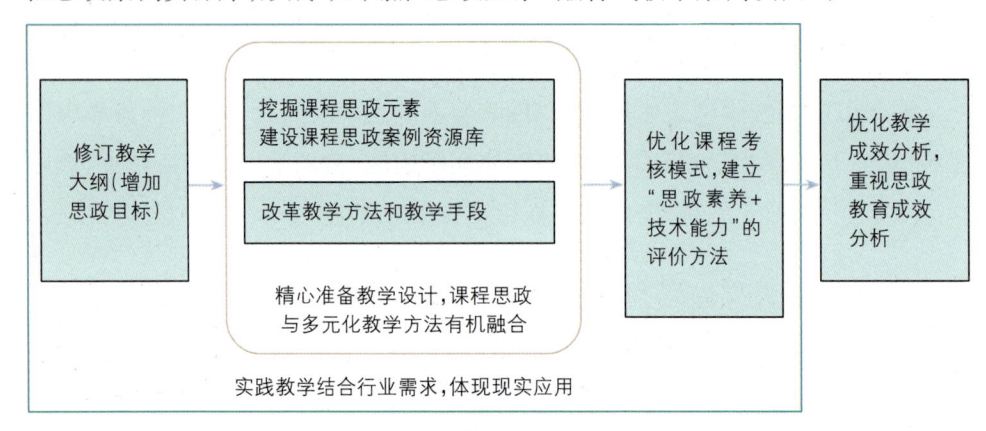

```
修订教学          挖掘课程思政元素           优化课程考         优化教学
大纲(增加    →    建设课程思政案例资源库  →  核模式,建立   →   成效分析,
思政目标)                                   "思政素养+        重视思政
                 改革教学方法和教学手段      技术能力"的       教育成效
                                           评价方法          分析
                 精心准备教学设计,课程思政
                 与多元化教学方法有机融合
                 实践教学结合行业需求,体现现实应用
```

图1

(二)推进"三课堂"融合,让课程思政有温度

在课程思政实践过程中,组织课堂教学、课外活动、认知实习,现实3个课堂的有机融合,发挥协同育人的效应,培养高素质应用技术型人才。

1. 发挥"第一课堂"主渠道作用。课程团队结合计算机相关专业的育人目标,充分挖掘专业的思政元素和资源,实现知识讲授与价值引领同频共振。

2. 强调"第二课堂"开阔视野作用。一是在教学设计中,安排邀请行业企业专家传递技术创新的重要性。二是以讲好中国故事的形式,将工程师和企业家的家国情怀、创新创业精神以及对当代青年学子科技报国的感召融入课堂。

3. 打造"第三课堂"实践育人作用。以认知实习为契机,开展校企、校地多角度共建思政"全"课堂。课程团队组织学生前往重庆互联网产业园、合川信息安全产业城现场授课。

(三)探索多样化教学方法,让课程思政有深度

课程引入翻转课堂,借助"重庆高等教育智慧教育平台""超星学习通"等学习资源平台,采用"课前学生视频学习+课上教师讲授+课内学生研讨+课后教师评价"的翻转模式。(图2)

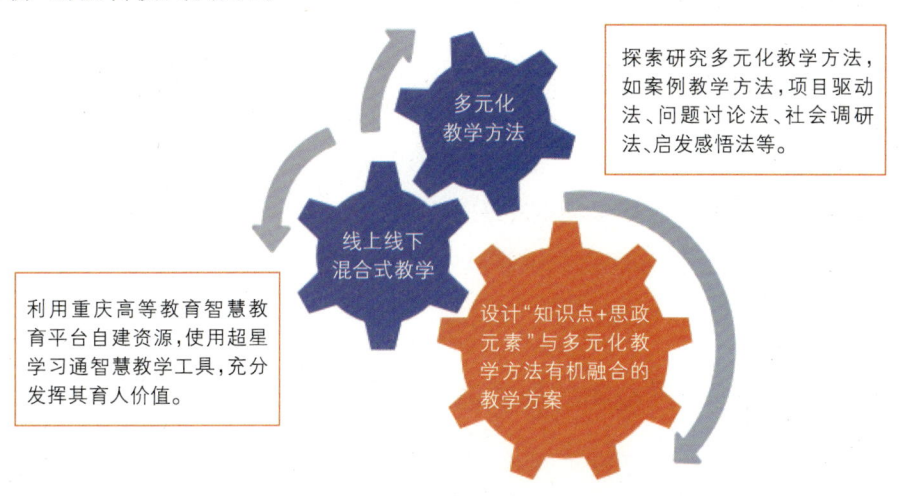

探索研究多元化教学方法,如案例教学方法、项目驱动法、问题讨论法、社会调研法、启发感悟法等。

多元化教学方法

线上线下混合式教学

利用重庆高等教育智慧教育平台自建资源,使用超星学习通智慧教学工具,充分发挥其育人价值。

设计"知识点+思政元素"与多元化教学方法有机融合的教学方案

图2

课前教师推送重庆高等教育智慧教育平台的自建课程资源,学生自主学习和思考,通过线上测评考核学生的学习效果。教师进行成绩分析,调整教学策略。课中教师使用60%的课堂时间解答学习内容的重难点问题,40%的时间留给学生小组讨论并上台汇报。(图3)小组汇报采用问题导向的汇报模式:问题回顾→案例展示→案例分析→知识点学习→案例实现。教师对小组提出的观点进行点评,让学生养成自主探究、独立思考的学习能力。

图3

(四)优化课程考核评价方式,让课程思政有温度

建立课程思政考核评价标准,注重"思政素养+技术能力"的过程评价方法,设计多角度、全方位的过程评价方法,将学生在课程思政中的学习态度、知识掌

握度、实践能力等指标纳入学生学习的过程化评价体系中,鼓励学生利用课外扩展延伸学习。

四 特色与创新

(一)构建"五位一体"课程思政育人体系

结合课程自身特点,深度挖掘专业知识中蕴含的思政元素,从家国情怀、专业水平、科学思维、人文素养以及职业道德等5个层面,构建层次递进、相互支撑的课程思政体系,在潜移默化中培养学生"学以致用"的观念和投身"科技强国"建设的使命担当。

(二)以讲好中国故事的形式增强课程育人作用

通过讲述中国的计算机发展,结合专业知识点对相关时政要闻进行分享,激发学生的科学兴趣,培养学生积极向上的精神品质,引导学生建立健康的目标追求与正确的价值观,实现知行合一、立德树人。

(三)互动性课程场景,拓展教学时间与空间

设计"学、思、查、做、讲、论"课程场景,拓展"学校内外、课堂内外、线上线下"结合的教学时间与空间。通过案例引入,强化知识点,让学生"学"思政;通过互动,"讨论引导""分享点评",让学生"思"思政;通过课后调研作业,让学生"践"思政。(图4)

图4

软件测试课程构建"知识点—思政元素—项目实践"三位一体课程思政教学模式的探索与实践

课程负责人｜孙宝刚

一、课程思政教学设计情况

重庆人文科技学院为应用型本科院校，在人才培养过程中，以"立德树人"为根本，把思想政治工作贯穿于教育教学全过程，实现"三全育人"。软件测试技术及应用课程属于软件工程专业（重庆市一流专业），按照该专业的办学特色及人才培养要求，进一步践行教育部2020年5月印发的《高等学校课程思政建设指导纲要》，提出"专业课程是课程思政建设的基本载体"的指导思路。

软件测试技术及应用是一门专业特色课程，在培养学生解决复杂软件工程问题的能力中占据重要的地位。在该课程教学中，融入思政元素，将价值塑造、知识传授和能力培养三者融为一体，是授课教师的一项重要任务。为进一步彰显学校"知行合一，服务社会"的办学宗旨，按照学生的认知规律，将社会主义核心价值观贯穿整个教学实践始终，并提出"一基础、二原则、三结合、四能力"的课程思政建设理念。

因此，以上述理念为指导，深入梳理软件测试技术及应用课程教学内容，结合课程特点、思维方法和价值理念，构建"知识点—思政元素—项目实践"的课程思政教学模式，设计相应的典型的教学案例，提升"知识点—思政元素—项目实践"的课程思政教学模式的有效性，达到价值塑造、知识传授和能力培养三者融为一体的立德树人的目标。

二 课程思政教学实践情况

软件测试技术及应用课程主要讲授软件测试相关概念、测试用例设计方法、软件测试各个阶段的测试技术及工具、测试需求分析、测试计划、缺陷跟踪与分析等内容,在教学内容与课程思政的结合过程中,主要从以下五方面着力。

1. 法治教育

软件本地化测试的重要任务之一就是测试软件是否遵守了目标用户所在国家、地区的法律法规,是否和目标用户的文化、宗教、风俗习惯等保持一致。因此,可以在软件本地化测试的教学环节融入法治教育的思政元素。

2. 职业规范

代码规范性检查是单元测试的重要任务之一,工程规范也是思政元素中的一部分。通过引导学生有意识地学习大型IT公司的编码规范,对学生进行职业规范教育,有助于强化学生工程伦理教育。

3. 辩证思维

软件测试技术的部分教学内容,不仅适用于软件测试工程师,也适用于软件开发工程师和软件项目管理者。因此,对同一个教学案例,可以从软件测试的角度去介绍,也可以从软件开发、软件项目管理的角度去介绍。例如,检查编码是否符合标准和规范是单元测试的主要任务之一,也可以从软件开发者的角度建议学生养成良好的编码风格;还可以站在项目管理者的角度,讨论开发过程中遇到编码规范相关的缺陷比较多时该如何处理。通过多视角的教学讨论,不仅有助于提高学生的专业素养,也有助于培养学生的辩证思维能力,帮助学生掌握马克思主义世界观和方法论。

4. 精益求精的工匠精神

软件测试的发展,经历了从早期的以功能验证为导向、以破坏性检测为导向、以质量评估为导向发展到以缺陷预防为导向。测试用例设计方法的发展,从语句覆盖、判定覆盖、条件覆盖、判定/条件覆盖,到条件组合覆盖的发展历程体现了精益求精的工匠精神。系统性能测试过程是一个持续测试和优化的过程,即先进行性能测试发现问题,处理问题以提高系统的性能,再进行性能测试、再优化,达到满意的结果,进一步体现了精益求精的工匠精神。

5.教学素材

软件测试技术的部分教学内容理论性比较强,教材中少有涉及理论的应用案例,在教学过程中,需要通过大量实例或者案例来辅助理论教学。对于和教学内容关联不是特别密切的思政内容,可以将作为文档测试、界面测试等教学内容的测试对象融入教学过程中,也可以通过开发具有特定思政主题的被测程序用于软件测试实践,将思政内容作为背景知识隐式地融入软件测试技术及应用课程教学中。

三、课程评价与成效

在当前高校思想政治教育评价考核体系的基础上进行创新,设计符合我校当前的课程评价方式,有利于实现培养更加优秀的社会主义建设人才及不断提升高校思想政治教育工作质量的目标,形成"四位一体"多元评价考核机制。

1.软件测试技术及应用课程思政"四位一体"评价考核机制的内涵

软件测试技术及应用课程思政"四位一体"多元评价考核机制,以改变当前我校学生思想政治理论教育评价考核机制的现状及存在的不足之处为基础,主要包括4个方面的内容,即期末考核、社会实践、小组合作、行为考核。该评价考核机制将学生社会实践与学生日常行为考核等要素有机结合起来,其主要包括各项考核内容的具体评价指标,让过程性考核指向性更明确。

2.软件测试技术及应用课程思政"四位一体"评价考核机制指标体系

指标项目	分值	描述	评分方案		备注
1.期末考核	40分	对学生平时成绩及期末成绩的综合考评	平时成绩(含出勤、作业、测验等)(15分)	期末成绩(25分)	
2.社会实践	20分	学生参加社会实践的表现、作业、成果等	(20分)		

续表

指标项目	分值	描述	评分方案	备注		
3.小组合作	20分	团队协作学习模式，通过调动教学相关动态因素彼此间互动，达到提升学生学习效果的目的，考核团体表现	组内合作：小组内部各成员之间进行合作（10分）	组内合作有明确分工及较为合理的任务分配；组内成员对小组内的任务安排主动接受，并积极参与组内活动；能够按时完成任务，并学到相应知识的，得5分	组内合作没有明确分工，任务分配满足基本要求；多数小组成员接受任务安排，并积极参与组内活动；多数按时完成任务，并有一定收获的，得3分	组内合作没有明确分工，任务基本未按要求完成；只有少数小组成员接受任务安排，并积极参与组内活动；仅能按时完成任务，基本收获较少的，得2分
			组间合作：不同小组之间进行合作（10分）	不同小组之间关系融洽，能积极参与组间合作，进展或成果显著的，得5分	不同小组之间实现基本合作，组间关系一般，进展或成果较少的，得3分	不同小组之间关系冷淡，未能实现有效合作，进展或成果没有的，得2分
4.行为考核	20分	考评学生日常表现：行为规范、学习态度、文明礼仪、劳动表现等	课程教师评分	30%		
			辅导员评分	25%		
			组内互评	20%		
			组间互评	25%		

3.软件测试技术及应用课程思政校内外专家评价

本课程在本专业教学过程中，学院组织包括金维宏副教授、胡继志副教授在内的专家"教学督导组"以听课、访问、考察等形式深入课堂，他们认为：软件测试技术及应用课程思政,进一步提升了教学方式的多样性、教学内容的整体性、社会主义核心价值观相融合,重视实践性教学、学生能力、思想品质的培养,教学模式的构建合理,教学秩序优良,课程思政效果显著。

本课程教师同校外专家、同行,如西南大学、四川外国语大学等单位的专家学者保持着经常性的交流。包括西南大学的何国斌副教授、左源瑞副教授,四川外国语大学的方晓田副教授等,都对本课程在内容、体例、教学方式上的做法给予充分的肯定,认为:"软件测试技术及应用课程思政,既兼顾了专业理论教学、项目实践运用,又凸显了专业课程的隐性课程思政作用,该课程的教学模式特色明显,很有前景。"

4.软件测试技术及应用课程思政学生评价

近两年来,本课程教学受到了学生充分的肯定,深受其欢迎,表现为两方面:

首先,学院本专业学生该课程的优秀评价一直保持在95%以上;

其次,学院本专业学生该课程的出勤率一直在90%以上。

（四）课程特色与创新

"以学生为中心""以成果为导向""持续改进"的教育理念逐渐成为计算机工程学院软件工程专业教学改革的核心原则,强调根据学生学习的最终成果来反向设计教学内容,结合专业课程教学内容的特点,采用"知识点—思政元素—项目实践"的融合模式,将价值塑造、知识传授和能力培养三者融为一体。

如在讲授性能测试时,给出"12306网站的技术进步"思政内容,融入"科技自豪感辩证思维"的思政元素,突出软件开发的架构设计能力素养。

如在讲授等价划分时,给出"物以类聚,人以群分"思政内容,融入"工程伦理辩证思维"的思政元素,突出软件开发的问题分析及解决方案设计能力素养。

针对软件测试技术及应用,践行课程思政"润物细无声"的目标,进一步强化以课程知识点为起点,以课程思政为桥梁,以工程实践能力培养为目标,三者融合。

"知识点—思政元素—项目实践"的课程思政教学模式,只有以课程知识点为起点,才能夯实思政元素的引入基础,才能使得思政教育成为有本之木、有源之水;以课程思政为桥梁,关联课程知识点和职业技能,才能有机地将课程思政内容融入教学中,实现"润物细无声"的课程思政目标;以工程实践能力培养为导向,才能使学生对思政内容"入耳入脑入心"。

"匠心浇筑，润物无声"
——园林史课程思政设计与实践

课程负责人｜寇文华

一 课程思政教学设计情况

重庆人文科技学院是一所经教育部批准转设为独立设置的民办普通本科高校，被教育部确定为全国应用技术型大学战略研究试点高校之一。

结合学校办学理念，园林专业从当前国家生态文明建设、乡村振兴及智慧城市建设出发，根据地方经济发展需求，秉承"产教融合，服务地方"的办学理念，以城市规划、建筑、工程技术、生态、植物等自然科学为专业技能核心，以艺术、美学辅助人文素养培育，培养绿色中国生态发展需要，服务重庆地方园林经济的德智体美劳全面发展的应用型人才。

园林史作为园林专业基础课程，虽是一门园林基础史学课程，其涉及文学、美学、绘画、建筑、生物、生态学等多门学科，在课程教学中，充分结合该课程多学科交叉的特色，采用"沉浸式""讲园林故事"等教学手段，在教学中融入文化自信、文明互鉴、民族精神、家国情怀、工匠精神、尊重自然、顺应自然等思政元素，引导学生树立正确的价值观、生态观、劳动观和道德观。学生通过该课程的学习既能掌握中西方园林发展史，做到"古为今用，洋为中用"，具备专业基础知识、技能，又能提升学生的文化素养、爱国情怀，并树立热爱自然、回报自然、追求人与自然和谐发展、迎难而上、吃苦耐劳的道德情操与优秀品质，同时具备一定的文献查阅分析的基础能力。

（二）课程思政教学实践情况

将思政元素渗透到高校各个专业学科的教学中，是高等教育深化改革背景下的一项基本要求。课程思政的最大特点是与教学融合，与人才培养方案、培养目标、教学内容、教学过程各环节深度融合，以学生为中心，学生与教师共同参与。

在园林史的教学中，提出"匠心浇筑、润物无声"的渗透式教学理念，以一种自然的、潜移默化的方式为园林课程思政提供课上、课下、校内、校外、线上、线下无限的拓展空间，促进显性教育和隐性教育的融会贯通。

1. 与教学方法融合

在具体的教学中，从教学方法与途径出发，采用了信息化载体，结合视频、图片、虚拟仿真技术等资源"沉浸式"渗透教学，既可以让学生从专业角度借鉴园林设计理念，又能够沉浸感受，从中有所感。例如在清朝皇家园林圆明园的学习中，教师通过电脑软件建模动态展示视频，还原圆明园；学生通过动态视频，对圆明园的宏伟壮阔和艺术价值、文化内涵有一个基本认识。在这一过程中激发学生对于中国古代园林设计者的敬佩之情，感受中国古典皇家园林文化，体会工匠精神。画面翻转，通过图片、视频展示观赏圆明园遗址公园，甚至可以采用虚拟仿真技术或者VR技术，让学生在近距离接触和对比的过程中，面对仅剩的一些残垣断壁，激发学生的爱国情怀，让学生认识到落后就会挨打，只有国家强大才会不受外敌的侵扰，认识到国家强大富裕对人们生活的重要。

2. 与实践教学融合

该课程为纯理论课程，实践教学可以结合学生的其他活动联合开展。例如在介绍近现代园林的时候，可以与学生的专业认知实践相结合，组织学生参观体验当地建筑，例如白公馆、渣滓洞。红色文化是中华各族人民在革命斗争中积累、形成的具有中华民族特色的精神标识，它既是高校思政教育的组成内容，也是培育文化自信的重要源泉。对于当代大学生来说，他们在物质优越的环境下成长，对红色革命文化中艰苦奋斗、吃苦耐劳、矢志不渝的革命精神，缺少感同身受。此时通过参观体验的"沉浸式"教学方式，很好地避免了教师在园林专业教学中直接进行红色文化宣讲难达到预期效果的缺憾。

3.融入学生自主学习

为了让学生对文化传承、文明互鉴、工匠精神等有更深的认识,同时培养学生文献查阅、资料收集与处理等能力,并通过资料的收集分析培养辩证思考和深度思考能力,提升科研素养,课前要求学生自学每一阶段园林生成背景(社会、经济、自然、人文等)知识,使其自发建立起新旧知识关联。课堂采用讲授法、项目讨论法、问题引导法等教学方法,对园林产业发展过程中的"文化传承""工匠精神"等内容进行分析。"园林人讲园林故事",通过讲园林故事,激发学生的学习兴趣与探究精神。

4.构建榜样示范典型

组建"讲园林故事"宣讲团,通过宣讲及榜样示范作用,提升学生的责任与担当,把实现民族复兴、家国情怀与责任担当、做人做事的基本道理、社会主义核心价值观等"思政元素"融入课程教学,进一步凸显课程"育德"功能。在园林史的教学中,努力构建科学合理的课程思政教育模式,应用灵活的教学方法,整合多方面道德因素,实施有效的课程思政教育,最终实现园林专业课与思想政治理论同向同行,形成协同效应,"立德"树新时代"园林人"。

三、课程评价与成效

(一)课程评价

将课程思政元素充分融入过程考核和结课考核所涵盖的知识、能力与素质中,以OBE人才培养方案中的毕业要求指标点为参考,以课程目标达成度以及最终考核结果为依据进行评价。

1.通过课前预习环节进行考评

考核学生课前主动学习的能力,要求学生课前自学每一阶段内容,生成背景(社会、经济、自然、人文等)知识,使其自发建立起新旧知识关联。

2.通过课堂教学过程进行考评

(1)学习态度

考核学生上课的认真程度、听课效率及对教学内容和课程思政学习的主动性和能动性。

（2）课堂表现

通过课堂问答了解学生对于课程内容和思政内涵的掌握、理解、思考情况，以正面引导为主，考评手段主要起到侧面督促的作用。

（3）教学手段

改变传统课堂教学手段，通过积分奖励制度，树立学习榜样，以榜样带动班级整体提升。通过教学手段的多样化，进行隐性思政育人。

3.通过课后作业、作业评价、课后活动进行考评

（1）作业形式多样化，多方面考评

作业内容从单纯的习题扩展为团队或个人"说园林，讲文化"活动、中外园林案例调研分析，培养学生独立思维、团队合作精神以及解决各项问题的能力，让学生全过程沉浸于动态的、开放的、智慧的思政教学中。

（2）教师单纯考评到全方位考评

作业评价方式从单纯的教师评价转变为老师评价、学生自评、学生互评的方式，增加学生的参与度，并达到以评促学的效果，同时在学生自评、互评的过程中，潜移默化地提升学生自身素养。

4.以考促学，通过课终考核进行考评

课终考核中，出题时，专业知识结合思政元素，以考促学。

（二）教学改革成效

通过课程考评内容改革，学生回答问题的积极性明显提高，对知识的应用变灵活了，团队合作意识加强了，从老师督促为主向自律为主转变。解决了长期以来思想政治教育考核与专业教育考核相互隔绝的问题，将立德树人贯彻到高校课堂教学全过程、全方位、全员之中，推动思政课程与课程思政协同前行、相得益彰。

四 课程特色与创新

1.重视学生思想引导

在授课内容中，融入课程思政。如在讲解中国四大名园拙政园名字的来源时，融入传统文化知识内容，激发同学们对优秀传统文化的自豪感，激发学生的爱国热情，将课程思政的内容悄然播种进学生心田。

2.理论联系实际

将当地古典园林考察纳入课堂教学内容。学生在直观、感性的认知中,通过汇报、答疑、讲解等环节的设计,既加深了学生对园林的认知,更夯实了后期园林设计项目中对民族文化的传承基础。

3.注重细节

授课教师将细心细致发挥到极致,必将对细节的重视深入到方方面面。本堂课是对圆明园的学习,老师借助现代多媒体教育教学技术,将圆明园的3D复原动态效果及现在的断壁残垣都加以展示和呈现,并耐心讲解,让学生对圆明园的宏伟壮阔和艺术价值有一个基本的了解,面对仅剩的一些残垣断壁,也可以激发学生的爱国情怀。

4.着眼于职业能力提升

教学环节设计中,教师根据课程目标及特点,着眼于学生未来职业能力提升,大胆创新,形成了"考察收集→汇报梳理→讲解深化→整理巩固"的闭环式教学,有效夯实了学生的专业基础,为学生职业素养和能力的提高打下了牢固的基础。

人地共生
——生态土壤环境设计课程思政设计与实践

课程负责人｜盛 丽

一 课程目标

（一）知识目标

本课程通过方法讲授，训练引导学生掌握生态土壤环境设计的基本知识及应用，主要内容包括：生态土壤环境设计概述、生态土壤环境功能、山地生态环境设计和棕地生态环境设计。

（二）能力目标

着重培养生态土壤环境的基础调研能力和方案设计创造力，增强规划设计项目实践动手能力，提升专业敏感度。作业展示过程中锻炼学生对方案的表达能力、评价能力以及专业拓展能力。培养适应中国特色社会主义道路发展需求的应用型人才。

（三）思政目标

培养生态环境伦理道德和可持续发展观念，树立新时代"园林人"的爱国情怀和社会责任感。

二 课程思政总体情况和教学设计

(一)课程思政总体情况

生态土壤环境设计秉承我校服务地方经济与文化发展的宗旨,以就业创业为导向,以产教融合为路径,重在培育适应生态建设、乡村振兴等绿色中国生态发展需要的应用型"新农人"。

生态土壤环境设计课程作为我校课程思政示范课程,教学中秉承习近平总书记在全国生态环境保护会上指出的人与自然和谐共生、"两山"理论等内容。本课程围绕"土壤生态本源""山地科学规律"和"棕地文明再生"三个思政模块开展课程思政教学实践。土壤环境质量关系到生态安全、粮食安全以及人居环境安全等。在人类社会发展需求与资源有限供给的永恒话题前,生态土壤环境设计具有自然属性和社会属性的双层含义。本课程思政建设围绕生态环境伦理展开,遵循"人地共生、内化践行"的教学理念,采用渗透式教学法,在知识点、中国故事、城乡政策和设计案例等之中融入思政元素,渗透"世情""国情""党情""教情"等育人元素。对土地利用和环境保护进行深层次的哲学思考,形成大国土壤系统以及生态思想、科学的世界观,通过行为体验,培养学生的生态伦理道德观,树立"新农科"科学精神,实现价值塑造、知识传授和能力培养的紧密结合,服务地方经济发展。

(二)课程思政教学设计

(1)土壤生态本源:国土是生态文明建设的空间载体,土壤是经济社会可持续发展的物质基础。通过对土地污染、土地功能及利用等知识点的分析,反思土壤环境质量关系到生态安全、粮食安全以及人居环境安全等。

(2)山地科学规律:山地生态系统构建了重庆特有的地理环境,从情感和精神上寄托了山城的家乡故事,既有地域文化的传承,又有生命共同体的构建,还渗透出人民力量,中国式凝聚力。

(3)棕地文明再生:通过环境设计,利用场地已有元素来传递场地精神,我国在推进工业化的实践探索中孕育了典型的工业文明,包括自力更生、艰苦奋斗、爱国敬业等特色精神宝藏,渗透对后工业时代文明基础的思考,立足于人与大地、精神与物质的和谐。

三 课程思政课程建设

(一)理念建设

课程思政建设紧扣生态环境伦理,围绕中国生态文明建设,提出"人地共生、内化践行"的思政教学理念,形成新农科思政共识,保障地方高校服务地方经济发展的宗旨。

(二)资源建设

已建线上教学资源共计12章节,设置24个任务点,自建线上教学课件12个,融入课程思政案例13个,建设题库38套,作业库3套,组织线上课堂讨论多次。线下教学资源遵循园林专业人才培养方案,修订教学大纲,撰写教案、课程思政教学设计、思政教学案例、教学实施流程等。丰富适合时代发展的生态环境理论体系。

(三)内容建设

本课程在保持传统农业思政意识底线的基础上,在从传统农业到现代农业转型的过程中挖掘培育"现代化新农人"的思政元素。正在建设包括:生态文明、双碳目标、国土绿化、城市双修、农村双改、绿色矿山、棕地修复、地景传承、美丽乡村、大国三农、遗产保护、现代农业科学精神和中华优秀文化等思政资源。并按照社会发展规律,在整个示范课建设周期及运行周期中进行动态更新。

(四)方法建设

在教学中采用讲授法、讨论法、案例法等,从知识点、中国故事、城乡政策和设计案例中对思政元素进行挖掘和提炼,以渗透式教学为特色,提出"一点三讲",即一个知识点,从"人物""事件""过程"三方面渗透育人元素,讲活农耕之魂,讲准自信之态,讲透乡土之韵,讲好生态之美,讲亮智慧之光。以学情制订相应的导入式项目,因材施教。采用翻转课堂、对分课堂、实景课堂、讨论课堂、混合式课堂等多元形式开展教学。

(五)评价建设

全面推进课程思政"四个评价",即改进结果评价、强化过程评价、探索增值评价和健全综合评价。注重学生的获得感,确保评价结果的公平性与合理性。

（四）课程思政评价与成效

　　课程思政教学评价中关注学生的课程思政主观能动性，通过课堂互动、课堂讨论表现，强化学生的科学态度以及课后拓展的终身学习评价指标。因材施教，重视学生的进步幅度、参与社会服务等评价指标。并在教学中建全综合评价，包括学校督导教学评价、教师评学、学生评教的三位立体评价指标。

　　通过多元评价考核机制的建立，学生的思政能动性明显提高，能够主动思考山地科学规律，实现"人地共生，内化践行"立体化育人的创造性转化。学生参与"重庆市第二届乡村振兴创意大赛——历史遗留矿山生态修复利用创意设计专项赛"，获得三等奖。

"以专业之能服务乡村"
——园林专业外出调研课程思政建设

课程负责人｜林竹隐

一 课程思政教学设计情况

外出调研课程是园林专业依据农学学科专业特色，结合当前国家生态文明建设、乡村振兴及智慧城镇建设战略，秉承"产教融合，服务地方"的办学理念，开设的一门社会实践课程。

根据课程思政建设目标，以"如何在社会实践课程外出调研中进行课程思政"为研究思路，坚持理论研究与实践教学并重原则，以该课程教学定位、课程教学目标导向为基础，针对外出调研课程思政内涵挖掘、课程思政有效融合、课程思政教学探索及课程思政成果体现和评价四大项，进行外出调研课程思政设计。

1. 优化课程思政教学目标导向

外出调研课程在社会实践中进行，学生深入基层了解社会实际，课程具备开展好思政教育的良好条件。通过课程大纲编写，教学研讨等方式明确课程中思政教育的教学目标，优化课程思政教学目标导向。

2. 优化课程设计

外出调研是园林专业以社会实践为载体的专业教学课程，通过教学目标设计教学环节，优化原有课程设计，找准课程思政融入点，确保课程教学实践中思政的高度融合性。

3.探索课程思政教育在外出调研实践教学中的方式

通过沉浸式乡村调研、翻转课堂教学、"学+践+研"等教学模式实践,研究如何在社会实践教学中,调动学生主体能动性,让学生去看、去体验、去思考,让学生成为思政教育的主体,改革常规思政教学的方式。

4.课程思政成果体现及评价体系建立

课程思政是外出调研课程教学目标之一,思政教育需要一定的成果体现形式及完善的评价体系来评估其教育成效,建立科学有效的课程思政评价体系,明确反馈课程思政教学成果,并通过教学成果对比不断优化评价体系。

二 课程思政实践情况

立德树人是高校的立身之本,课程思想政治教育是当前高等专业教育的重要工作。课程思政工作的开展,要聚焦思政教育的基本内容和理论精髓,同时要适应当前社会发展对人才培养提出的新要求。课程思政需要在不断变化的外在需求及内在规律发展下,挖掘思政教学的深度,扩展思政教育内涵,呈现课程思政教学形式的多样,完善课程思政成果的表现形式及评价模式。

结合课程性质,外出调研课程以乡村调研实践为媒介,接触社会、乡村基层,具备深度挖掘思想政治教育内涵的可行性,可以在实践教学过程中深植传统文化内涵和社会主义核心价值观,引导学生遵循国家乡村振兴战略,把生态建设意识、社会责任意识、社会服务意识根植学生内心,融教学、实践、育人于一体。

在外出调研一周基层调研实践教学中,思想政治教育可以从以下几个教学环节进行深入。

(1)教学实践环节项目一——区域生态环境调研。在对调研区域进行植物环境、土壤环境、水环境、人居环境调查实践中,一方面通过增大调查工作量,磨炼学生个人意志,使其了解专业工作的艰辛,辅助学生建立科学严谨、认真负责的专业态度;其次在生态环境调研上,使其明确"绿水青山就是金山银山"的生态观念,懂得不能以牺牲生态环境为代价置换经济发展,辅助学生在专业工作中,深植生态文明意识,建立学生科学伦理观,明确在后期规划设计工作中什么是生态的红线;第三,在乡村人居环境调研中,让学生深入乡村生活,靠近乡村居民,通过专业问卷等方式开展调研,同居民拉家常、聊生活,在获取基础资料的同时，能了解基层实情、清楚民生环境，同时引导学生关注国情、社情、民情，从国家、社会、个人等不同层面，提升学生的社会责任感，深植为社会服务的意识。

（2）教学实践环节项目二——区域地形测绘。需要学生分组、分工进行区域场地、建筑、地形的测绘。首先，培养学生具备良好的团队协作能力，在团队中能承担责任、完成工作；其次，在测绘工作中，强调测绘工作的精度对后期工作的影响，切实保证测绘数据的真实性，辅助学生建立科学严谨的工作态度，具备良好的职业道德；第三，在测绘工作中，接触不同的民族文化、乡村文化，学习优良的传统文化，深植中华民族文化自信意识。

（3）教学实践环节项目三——区域环境提升规划、项目四——区域单项工程设计。结合课程教学目标，通过对国情、社情、民情调研后的了解，培养学生大国"三农"情怀，引导学生以自身专业特长为媒介，去认识乡村、研究乡村、理解乡村、服务乡村。

课程思政教育不应该是刻板的思想政治理论输出，在外出调研课程中，课程思政与外出调研课程教学目标紧密结合，在乡村环境调研、规划设计、工程设计的课程教学内容中融合课程思政。尝试通过启发式、探讨式、互动式等不同的实践教学形式、教学方法进行课程思政教学。在实践教学中，坚持助力乡村振兴，遵循国家战略，把生态建设意识、社会责任意识、社会服务意识根植学生内心，融教学、实践、育人于一体。

三 课程评价与成效

根据外出调研的课程性质、教学目标，设定课程成果表现及考核方式。

1. 课程成果

根据调研完成后规划、设计成果及实习报告进行打分，总分100分。

2. 考核评定标准

实践成果评价由考勤、团队协作、成果作品的完成度、设计质量、创新精神融入等多元构成，将课程思政成果评价作为课程成果评价中的考核内容，体现专业课程教学中课程思政的重要性及成果评价的公正、公平性。考核内容见表1。

表1

序号	考核内容	考核要点	分值	得分
1	课程成果（60%）	调研区域资料整理	10	60
		调研区域问题分析	10	
		调研区域规划设计	40	
2	实习报告（30%）	调研过程记录	10	30
		调研资料分析	10	
		调研工作结论	10	
3	课程思政成效（10%）	爱国情怀、服务社会意识、"三农"情怀	5	10
		生态文明意识、创新精神	5	

外出调研目前已完成4个学年的课程教学，以实际社会服务项目为媒介，完成了矮寨乡村小聚落测绘及植物调研、矮寨排水工程设计、边城区域旅游规划及区域排水工程设计、濯水旅游风景区植物群落调研及局部景观改造、重庆合川区大庙村乡村环境提升设计等实践教学成果。在实践教学中，学生通过完成对调研区域的专业规划、设计，融入家国情怀、文化自信、生态意识等思想内涵，提升自身思想政治觉悟，有效服务地方经济，助力乡村振兴；在实践过程中不断深化自身职业道德、专业精神及团队协作意识，成为未来社会中具备较高专业素质的应用型园林人才。

四 课程特色与创新

1. 课程思政与专业教学、社会服务紧密结合

外出调研作为一门社会实践课程，其专业教学环节与社会实践密切联系，外出调研课程思政打破以往常规的课程思政教学以讲授为主的模式，将专业教学从教室搬到社会的同时，也将课程思政搬到社会实践中。通过实际的社会服务性课程教学设计，在教学中尝试启发式、探讨式、互动式等教学方法，引导学生自主思考、接受政治思想教育。

实践案例：2019年在湘西矮寨进行调研过程中，学生对一个苗族小村落进行调研。学生对于村民的生产方式、经济收入、儿童教学等多方面情况进行了解后，通过启发式教学，引导学生根据国家乡村振兴战略，考虑当地村民实际生活需求进行对应的服务性规划设计。教学过程中，学生通过教学引导，主动查

阅国家、地方在扶农、助农方面的具体政策,并在规划设计中最大程度地体现与国家政策的一致性。

学生们在课程中不断深入农村,了解农民真实需求,并竭力利用自身专业所能帮助乡民、服务乡村。(图1、图2)

图1 外出调研课程中学生深入贫困户家中调研,并完成该院坝环境提升设计

图2 外出调研课程中学生深入想要经营民宿的农户家中调研,并完成相关民宿环境设计

2. 以实际育人,课程思政思想内涵深度挖掘与开展

契合专业人才培养目标及课程教学目标,坚持"立德树人,五育并举",在实践过程中融合思政教育,融入职业道德教育、世界观教育、美感教育,提升学生在文化自信、创新创业上的个人素质。

在每年的教学实践中,从教学的不同环节,在不同的调研区域,通过各种教学方式,不断拓展课程思政的思想内涵,从专业态度到职业道德培养,从"三山理论"到具备高度生态意识,从继承传统游览文化到文化自信意识形态建立,希望课程思政通过多方式、全方位,以"润物无声"的状态,在实践教学中开展。

水光山色与人好,说不尽,无穷好
——滨水景观设计课程思政示范案例

课程负责人 | 孙 磊

一、教学目标

1. 课程基于"科学伦理"思政核心,将思政内容与专业课程内容相结合,立足构建"树立科学伦理意识和遵守科学伦理规范"的课程思政内涵,以增强学生求真问学、勇攀高峰的科学伦理意识。

2. 在滨水景观设计课程内容学习中,融入生态可持续理念,通过讲授滨水景观生态价值与生态道义内容,培养学生正确的生态价值观。

3. 坚持海绵城市建设原则,在滨水景观设计中运用海绵城市LID设施,解决城市发展中人与自然的生态冲突。

4. 在滨水景观设计实践中,融入工匠精神、生态伦理、可持续发展观等思政元素培养学生的职业感与使命感。

二、教学内容及过程安排

(一)教学内容

案例分析:南昌鱼尾洲湿地公园。(图1)

图1 案例分析教学环节照片

（二）教学活动

1. 结合海绵城市"渗、留、蓄、化、用、放"六字方针，运用实际案例，分析海绵城市与滨水景观设计路径。

2. 答疑讨论。

3. 通过展现优秀作品，使学生感受滨水景观设计魅力；总结滨水景观中海绵城市生态公园设计生态策略；启发学生思考滨水景观中海绵城市融合路径的实际应用形式；改进滨水景观海绵城市设计方法。

（三）思政融入

优秀案例分析，凸显人与自然的平等关系，引导学生树立正确的生态伦理观；深化"六字方针"，明确设计师在生态文明建设中肩负的责任与使命，培养严谨的科学素养。

三、教学方法

1. 讲授法，通过理论讲授，以引导式和启发式教学，让学生掌握滨水景观设计理论及方法，增强科学意识。

2. 问答法，引导学生思考滨水景观与海绵城市应用形式，培养科学素养。

3. 案例式教学法，以南昌鱼尾洲湿地公园的案例教学为基础，通过融合小组讨论、调查研究、角色扮演、情景模拟等多种手段，能够让学生从"第一人称"出发，培养学生在具体科学实践情境中辨别、发现、分析，并参与解决科学伦理问题的能力。

4.互动式教学法,注重课堂提问、答疑、实践辅导等多种方式,增加课程趣味,培养学生对科学实践的兴趣。

四 教学评价

1.课程学习以学生为中心,从学生学情以及专业人才需求背景出发,展开专业课程教学并融入科学伦理思政教育,注重学生科学素养及实践能力方面的评价。

2.提出"以学生为中心"的多主体参与评价模式,让学生参与本课程科学伦理思政教育建设和评价,并且将反馈的结果用于本课程思政教育的进一步改进上。

3.采用"学生自评+组内互评+组间评价+校外导师评价+指导老师评价"的综合模式,提高科学性、公平性和参与性。

促文化传承，立素养修身
——家居空间设计课程思政实践

课程负责人｜唐湘晖

一 课程思政设计总体思路

家居空间设计课程秉承立德树人根本任务，将传统优秀文化与现代设计相结合，着重课程思政与教学内容有机结合，以提升整体美育为抓手，通过引入实际项目，结合各类优秀案例分析，开阔设计思维，创新设计手法。其具体设计思路是：一方面将中国优秀传统文化、现代新中式家居空间设计优秀案例等内容有机融入课程，让学生在知识学习过程中领略中国传统文化的智慧与魅力，培养学生的民族自豪感；另一方面，结合实践教学，通过讲解设计流程与工程项目实际操作，开展社会主义核心价值观教育，引导学生建立爱岗敬业、协同合作等观念，教育学生把远大抱负落实到个体、组织与社会和谐发展的理念与行动中，提升学生的政治认同、国家意识、文化自信与公民人格。

二 教学案例设计思路

家居空间是人们最为熟悉的室内空间，其功能要求、空间结构同学们相对了解最多，但如何让一套毛坯房通过设计成为兼具功能与美观的作品，或者将乡村老旧住宅改造为适合居住的新型住宅，其具体设计过程同学们并不清楚。以人为本进行住宅设计或民居改造，为家居空间使用者解决各种需求，成为重点研究内容。借助课程引导学生以积极向上的乐观心态、以人为本的设计思维解决各类问题,引发室内设计专业学生的社会责任感,将知识传授与价值引领相契合,成了本次课程中与专业知识并重的课程目标。本案例采用任务驱动教学法,以"了解并掌握家居空间设计流程"这一任务为主线、以学生为主体、以课程知识为依托,在学生"学中做,做中学"的过程中将"乡村建设""以人为本""团队协作"等国家政策、职业精神、工匠精神、团队协作精神融入课程设计各个方面,将专业教育与思政教育有效融合,充分发挥课堂教学的主渠道作用,引导学生弘扬社会主义核心价值观,自觉担当青春使命。

学生以分析乡村民居改建过程为内容,了解室内设计的基本流程,通过案例分析、换位体验等教学方式,具备了运用室内设计的理论知识进行家居空间设计的各项能力。学生在学习活动和任务实践中,对国家乡村振兴政策有了更深的了解,建立了团队协作意识和精益求精的工匠精神,贯穿项目全过程的"人性化设计思想"在设计实践中被学生接受,并内化为自身的职业素养,体现在设计成果上,从而达到了本课程知识育人的目标。

三 教学案例实施过程

(一)课堂教学知识点

1. 课程内容

室内设计的基本思路:总体与细部深入推敲;局部与整体协调统一;立意与表达并重。

2. 思政元素

以人为本、工匠精神、大局意识、查阅知识能力。

3. 教学方法

情景体验教学:让同学们分小组扮演家居空间使用者,提出使用要求。(图1)

图1

（二）课程思政融入方式

通过同学讨论，教师引领，引发学生思考：设计应该从整体入手，要具有大局意识，这与国家大局意识也是一致的。要从最基本的人体尺度、人流动线、活动范围和特点、家具与设备的尺寸和使用空间等方面着手，深入调查、收集信息，掌握必要的资料和数据，从而让学生建立以人为本的观念。同时指出，设计有构思，还需要有规范标准的图纸，让学生树立工匠精神和职业道德。

四 案例教学反思

1. 将立德树人融入知识教育全过程

作为专业课程，知识讲授是课程的核心内容，但立德树人这一根本任务应该贯穿于知识教育全过程，两条主线缺一不可，密不可分。本节课教学以学生为主体、教师为主导，融入大局意识、乡村振兴等意识，融入职业规范、社会责任感、团队精神、工匠精神和勤勉工作等思政元素，将育人与教学两条线融会贯通。

2. 真实岗位微直播提升学生专业热爱度

通过微直播，将企业真实岗位工作内容展现在学生面前，将工作过程引入课堂，学生在课堂中体验到真实的岗位情境，能够促进学生对专业的了解，提升学生对专业的热爱度，促进学生建立职业意愿。

以成果为导向的护理学导论课程思政建设

课程负责人｜蒋　艳

一、课程思政建设总体设计情况

基于卫生事业发展需要及我校应用型人才培养的办学定位，护理学本科人才培养目标是培养有扎实专业知识技能、良好职业道德与人文素养、创新意识及终身学习意识的高素质应用型护理学人才。本课程是护理学专业学生的首门专业基础、必修课程，是重要的奠基课程，通过概论、护理常用理论、护理思维、工作方法、职业安全与防护等五大模块的内容教学，承担专业启蒙与职业奠基的重责，教学效果直接影响其专业认知、后期专业学习效果，甚至职业素养、职业选择及职业忠诚。课程核心思政目标是：一、学习护理事业发展的历程，使学生坚定社会主义核心价值观，逐步认识、认同、热爱护理，建立专业兴趣，增强专业自信，奠定坚定的专业信仰基础；二、学习人类对护理的认识历程，使学生树立敬畏、尊重生命，救死扶伤的人道主义精神及人文关怀意识；三、学习护理工作模式及理论，使学生树立科学施护理念，初步建立创新意识及评判性思维，为后续专业学习、工作提供思维指引。团队成员在教学中坚持将知识传授、能力培养及价值塑造相互渗透融合，在知识讲授中传递信念，在能力培养中感悟价值，引导学生深度反思，帮助学生认识职业价值，体验职业荣誉，达到塑造正确的价值取向，建立科学的护理思维的核心教学目标。

二 课程评价与成效

(一)课程考核评价的方法

本课程是护理专业必修课,考核方法包括过程性考核及期终考核两部分。过程性考核的重点是考查学生作业完成情况(10%)、课堂表现(15%)、实践(15%),可反映学生平时的学习过程及情况,记为平时成绩;期末总成绩(100%)=平时成绩(40%)+期末笔试成绩(60%),其中各部分成绩均涉及对学生价值观、人文意识、临床思维等思政要素的评价。

(二)教学效果评价

思政课程与专业课程同向同行,有机融合,实现全程育人、全方位育人、全员育人目标,学生评教在98分以上,2021年本课程获得校级课程思政项目立项建设。

(三)成效及示范辐射情况

课程结束后,课程组对教学对象进行学生职业认同感调查,结果显示,乐于做一名护士,喜欢护理专业的学生比例超过国内同等学生平均水平;多数学生自愿参加学院爱心医疗服务队,立足校园、辐射周边,开展健康宣教、健康普及等活动;积极参与乡村医疗保健服务工作,开展"三下乡"等志愿服务活动,为居民提供义诊等服务,彰显专业职能。学生毕业后进入医疗机构亦涌现出很多优秀者,他们在工作中表现出色,受到相关部门表彰。部分学生响应保家卫国的号召,积极报名参军入伍,2020年护理学院获得"应征入伍先进单位"称号。

三 课程特色与创新

(一)教学目标

1. 理论知识

了解护士角色的分类,熟悉护士的基本素质,掌握护士角色的特征。

2. 基本技能

能够正确识别护士的职能范围。

3.素质目标

建立正确的职业认同,树立成为一名优秀护士的理想以及积极提升职业素养意识。

(二)课堂组织与实施

1.导入

(1)提出问题:护士有哪些工作?通过问题可以了解学生对护理职业的认识情况。

(2)引入优秀护士——南丁格尔奖获得者——鲜继淑护士长语录:哪里有病人,哪里就是我的战场。

2.以视频介绍先进事迹

事件一:汶川大地震中抗震救灾

(1)主要内容:鲜继淑护士长与患者小春梅的故事:救助废墟掩埋下68小时的小春梅,地震后两人保持密切通信,小春梅称呼护士长为"鲜妈妈"。

(2)角色分析:

①护士长在其中承担的护理角色:护理者、协调者、病人利益维护者。

②体现的护士职业素养:职业道德素质、专业知识、分析解决问题的能力、沟通能力、心理素质。

(3)教学方法:视频介绍、小组讨论。

事件二:护理研究中大胆创新

(1)主要内容:护士长承担的"神经外科危重患者护理策略与新技术"研究项目获军队医疗成果二等奖。

(2)角色分析:

①承担的护理角色:研究者和改革者。

②体现的职业素养:专业素质。

(3)教学方法:视频介绍、小组讨论(为什么护理人员要做研究?)。

3.课后作业

采访一位身边的普通护士或者老百姓,了解他们对护理工作或护士的看法。

4.课后记

鲜继淑护士长是重庆市第一位获得南丁格尔奖的护理人员,以"家乡人"的案例分享更容易产生亲近感,提高学生的学习兴趣;而护士长的系列光荣事迹体现了护理人员角色的多面性,可以引导学生了解护理工作内容的多元,使其更为全面、客观地认识护理工作,同时意识到护理工作在维护人类健康中的重要地位,激发学生的职业认同感、职业自豪感。实际课堂教学中学生反馈良好,讨论积极,取得了极好的教学效果。同时为了帮助学生了解普通护理人员的工作,要求学生课后采访一名护士或老百姓,可以更真实、立体地认识该职业,教师亦会对采访的结果进行分析,引导学生正确认识并理解该职业。

守初心·凝特色·强品牌
——电视纪录片制作课程思政示范案例

课程负责人｜范瑞利

一 课程思政建设总体设计

重庆人文科技学院创办于2000年，位于重庆市合川区草街街道，伟大的人民教育家陶行知先生曾在此办学。学校认真践行陶行知教育思想，着力打造学科专业优势突出、办学特色鲜明、人才培养水平高、技术研发能力强的全国一流应用型民办大学。广播电视编导专业受地缘性历史文化的孕育和影响，着眼时代和行业发展前沿，依照学校办学定位，锚定内涵式高质量发展方向，致力于培养德智体美劳全面发展的高素质应用型人才。

在历时性建设中，电视纪录片制作课程作为广播电视编导专业的一门线下核心课程，本着"凝练特色，总结经验，打造品牌，扩大试点"的建设方向和重点，着力传统课堂教学改革，激发课堂生机活力，不忘初心，牢记使命，与时俱进，勇毅前行。课堂始终坚持立德树人根本任务，以学生为中心，以创新发展为动力，以服务社会经济为己任，以课堂教学为主渠道，发挥纪录片的社会责任与使命，在"知识传授—实践应用—成果孵化"的教学内容体系中，深挖课程思政元素，强化知行做合一，为党育人，为国育才，全面提高人才自主培养质量。

基于此，电视纪录片制作课程在课程思政总体设计上，贯彻落实党的教育方针，结合学校办学定位、地缘性文化特征、课程教学目标，优化内生于课程本身的思政元素，扎根"心怀国之大者"与"社会生活日常"一大一小的场景情境建构，明确"良好国家形象塑造与传播、优秀传统文化传承、家国情怀激发、重庆文化开掘、时代记忆留存"的思政内容,通过"认识—实践—认同"的方法论,显性与隐性相结合,切实提高政治认同、家国情怀、文化素养、日常审美、生命意义重构的思政供养,激活课程思政新生态。

二 课程思政教学实践路径

结合学校办学定位、地缘性文化特征、课程教学目标,立足学生学情,电视纪录片制作课程在课程思政教学实践上,优化内生于课程本身的思政元素,着力于营造"心怀国之大者"与"社会生活日常"一大一小的教学场景情境,通过"认识—实践—认同"的方法论,显性与隐性相结合,最终建构出了"成果导向—实践强化—价值认同"的课程思政建设实践路径。

(一)产出导向:强化顶层设计,在课程教学全过程中贯彻"思政"育人目标

目前电视纪录片制作课程的内容主要有:第一章,纪录片的概念、特征及分类;第二章,中外纪录片发展的梳理;第三章,电视纪录片的选题及策划;第四章,电视纪录片的拍摄;第五章,电视纪录片的后期制作;第六章,纪录片的市场与营销;第七章,案例分析。课程共40个学时,其中,理论学时16,实践学时24。第一章、第二章、第七章主要是理论知识;第三章、第四章、第五章、第六章则是理论与实践相结合,是在理论学习的基础上强化应用和实践操作,最终能创作出一部纪录片作品。在宏观层面上,通过本课程的学习,学生能够掌握电视纪录片的基础理论知识和电视纪录片制作的核心技能,树立正确的纪录片创作观,提高对纪录片的审美力和影视艺术鉴赏力,开阔视野、了解人生、认识社会,激发爱国热情,增强相关文化素养和人文修养。

结合课程教学内容及课程教学目标,在课程思政教学实践方面,课程确立了"成果导向"的总体路径。依循产出导向教学范式,将思想政治内容及"思政"育人目标贯穿课程教学的全过程,而且,"课程思政"育人的教学过程同样以"价值引领、知识学习、能力培养、人文素养"为目标依归,使得课程将知识传授与价值引领相结合,切实将价值引领贯穿课程教学各环节。为此,基于学生学情及中国纪录片的艺术形态,课程以纪录片为媒介载体,优化内生于课程本身的思政元素,重点聚焦"国家形象塑造与传播、优秀传统文化传承、家国情怀激发、重庆文化开掘、时代记忆留存"的课程思政供给内容的挖掘,通过讲授与实践,以

期能够提高对政治认同、家国情怀、文化素养、日常审美、生命意义重构的认识，并能够知行合一、身体力行，最终在体验、认同中超越自我、实现自我的更高存在，立大志、明大德、成大才、担大任。同时，根据认识形态建构规律，以学生为中心，将课程思政元素、课程思政理念与学生认知学习、个体感悟、实践效用、价值体验有机结合，显性书写"心怀国之大者"的情怀。即，在理论知识讲授的过程中，一方面，从知识点"灌输"的角度强化理论知识体系建构中的"史论"根基、前沿发展；另一方面，通过课堂讨论、案例分析、翻转课堂等，在知识点铺排中注意选择经典之作与封面之作加以详尽分析，强调纪录片的社会责任和社会效益，以此，让学生对纪录片有较为清晰的认识，从宏观感知上，打破与纪录片的疏离与间隔的壁垒。更让学生通过对纪录片的关注，从纪录片的题材内容中锤炼历史眼光，宽广时代视野，通过纪录片看中国、看世界、看文化、看社会、看生活、看时代，提高对纪录片的兴趣的同时，进行显性的"思政"教育。

（二）实践强化：以学生为中心，在作品成果孵化中形成"生成性"育人成果

实践强化，在纪录片的拍摄制作实践中，同样注重融入"思政"育人目标，形成"生成性"的育人成果。由此，互为犄角，延承课程的实践设计，课程思政教学实践也实施小班教学，引入项目驱动，融"分组合作学习"与行业的"制片人制"管理模式为一体。要求教学班学生进一步分组，每组人员明确分工，反复交流、协作，在课程思政教学内容体系及课程思政教学目标达成的视域下，确定纪录片选题、撰写纪录片策划方案，进行纪录片拍摄、制作，最终完成一部纪录片作品，并积极参加专业、学科竞赛。主要流程如下：

1.确定纪录片选题：落实党的文艺方针，坚持文化自信，守正创新，通过其他媒介、身边人（事）、征集等渠道，结合纪录片市场行情、目标受众，在充分的前期调研基础上，确定纪录片选题。在这个过程中，尊重学生兴趣的前提下，继续建构思政教学"心怀国之大者"的场景情境，对选题的题材内容做出宏观把控和隐性引导，促使纪录片作品选题能够围绕党和国家重要战略和宣传主题的主流话语进行深耕，挖掘主流题材，与时代共进，注重现实生活和主流价值。同时，服务地方，鼓励纪录片选题更多地开掘重庆文化，围绕着重庆丰厚的文化资源进行主题选择。

2.撰写纪录片策划方案：在对选题进一步充分调研的基础上，小组反复交流，按照专业的、规范的纪录片策划流程，形成成熟、完整的纪录片策划方案，并

组织进行"纪录片提案大会"模拟演练,积极参加业界专业、权威的"纪录片提案大会"。在这个过程中,特别是在选题调研的阶段,结合选题题材内容,在"心怀国之大者"的"大"的场景情境建构体验中,逐渐强化"社会生活日常"的"小"的场景情境体验,引导学生在查询资料、采访当事人、勘察拍摄环境等的过程中,强化团队合作的意识,强化数字信息资源的高效利用。同时,走出校门,深入社会生活,与陌生人建立新的连接,在与一草一木、一人一事的接触与对话中,拓宽视野,了解人生,认识社会,激励成长。

3. 纪录片作品拍摄、制作:经过选题和策划案的反复打磨,小组学生形成拍摄思路后,进行纪录片作品的拍摄与制作,最终完成作品。在这个过程中,仍旧坚持以学生为中心,强化生成体验。始终把握与引导的依旧是作品的思想价值,坚守的是以人民为中心的创作导向及纪录片的社会责任与使命。沉浸式锻炼的是学生的合作沟通能力。这是对社会生活日常的体验、再认识。同时,更鼓励学生注重利用纪录片创作前沿的新技术、新手段、新理念,派发创新潜能。

(三)价值认同:动之以情,在内向观照学习中升华"思政"育人思想

经过一学期的理论知识学习及实践创作打磨,纪录片作品完成。在课程考核前,每位学生以自述的方式录制自己的学习心得,并对以小组形式完成的作品进行汇报。即,进行作品的公开放映,展开创作分享交流活动。同时,优秀作品推送至专业、学科竞赛平台,接受社会、行业的检验,以赛促学、以赛促教。在这个过程中,加强的是学生对纪录片及纪录片学习的心得体会的自述录制,加强的是作品展映中学生自评、学生互评、师生点评的互动。通过这些形式,在显性的分享与隐性的表达中,促进学习交流、提升学生自信、提高学习兴趣的同时,升华思想,产生哲思,重塑认知,内化情感,激发价值认同。

三 课程思政建设特色与成效

(一)课程思政建设特色

1. 课程思政内容有格局

电视纪录片制作课程所在学校的地理位置较为偏僻,加上受学校属性的客观因素影响,课程建设的条件有一定的局限。但是,课程立足纪录片,发挥纪录

片的社会责任与使命，在课程思政建设上，胸怀天下，心怀国之大者，与时代同频共振，与党和国家、与民族和人民同呼吸、共命运，优化内生于课程本身的思政元素，扎根"良好国家形象塑造与传播、优秀传统文化传承、家国情怀激发、重庆文化开掘、时代记忆留存"的思政内容，课程思政元素的挖掘与课程思政内容的聚焦，充分体现了思想性、前沿性与时代性的"大思政"格局，引导价值观，特色较为鲜明。比如，在"中国纪录片发展历程"的内容中，及时更新了新时代中国纪录片的发展现状及呈现出的内容升级、视听审美度提高等新变化的相关内容，并对当下"现象级"纪录片作品做了详尽的分析，激发了学生创新思维，坚守文化自信，更进一步激发了爱国热情，教学效果较好。

2.课程思政实践有亮点

受地缘性文化的影响，传承陶行知先生教育思想，电视纪录片制作课程遵循纪录片的艺术范式，建构出了"心怀国之大者"与"社会生活日常"一大一小的课程思政教学情境，通过"认识—实践—认同"的方法论，显性与隐性相结合，又最终建构出了"成果导向—实践强化—价值认同"的课程思政建设实践路径，从而，激活课程思政新生态，课程思政实践知行合一、协同育人，亮点与成效较为鲜明。

3.课程思政教学有创新

电视纪录片制作课程作为线下课程，课程思政深度融合信息技术，搭建了线上课程资源，实施翻转课堂；开启"互联网+教育"思维模式，自编智慧型教材，适用性、实用性强；基于OBE理念，实施小班教学，采用项目驱动、小组合作学习等，增强师生互动、生生互动；充分吸纳业界人员及其他院校师资，教师团队"双师型"特征明显，传帮带特色鲜明。

（二）课程思政建设成效

1.校内外同行和学生评价较高

目前，课程立项重庆市课程思政示范课程、教学团队入选重庆市课程思政教学名师和团队，作品"电视纪录片制作课程思政案例"荣获重庆市思政课程与课程思政（学科德育）高校组优秀案例二等奖；课程获批"首批国家级一流本科课程"、重庆市一流课程，入选重庆市高校一流本科课程示范案例；已与其他高校达成课程思政建设方面交流沟通、共建学习的意愿；教育部全国戏剧与影视学类教学指导委员会委员对课程教学成果之一的自编教材《纪录片创作》给予了较高的评价；修订后再版的《纪录片创作》（第二版）荣获中国高校影视学会"学会奖"，立项重庆市高校普通本科重点建设教材；学生评教结果优秀。

2.课程思政教学改革有了成效

增强了学生对纪录片的兴趣与关注，更进一步激发了爱国热情与民族认同，学生毕业论文（设计）选择纪录片领域的比例提升，目前已有两篇论文获得校级优秀毕业论文；特别是在新冠肺炎疫情期间，学生牢记纪录片的社会责任和使命，展现当代大学生风采，拍摄制作了多部以新冠肺炎疫情为题材的作品；师生主创的作品在重庆微视频大赛、重庆大学生艺术展演活动等专业赛事（活动）中斩获荣誉；教师立足教学，科研与代表性成果丰厚，其中，科研项目、科研论文等的方向与领域聚焦的也是纪录片与国家形象的塑造与传播、重庆历史纪录片、纪录片与记忆的建构等，形成了课程思政、科学研究在方向、内容上良性转化循环，有了一定的区域性经验推广活动，示范辐射范围较大。

同时，课程"艺术疗愈"效果初显，以纪录片为镜子，观照自身，有的学生在看到了他者的人生经历后更加的励志积极、明德向善；有的学生打开"封闭"的心结，更加团结合作、开朗外向；有的学生释怀了情感上的郁结，主动分享自己的故事，激励更多的同学。

基于可持续发展的"三线五维四面"钢琴教学法教学改革探索与实践

课程负责人 | 张 莹

一、课程目标

钢琴教学法总体课程目标包含专业知识、教学能力、综合素质三大板块。

1. 构建全面的知识储备(专业知识·艺教协同)。本课程结合钢琴相关的专业知识与教学法相关知识体系,达成艺术与教育协同发展。

2. 训练扎实的教学能力(教学能力·专创融合)。本课程以提升教学能力为主线,通过扎实的实践,将专业知识转化为教学能力。通过资源平台的建设,将专业学习与创新创业紧密融合,搭建学生就业直通车,帮助学生持续发展。

3. 培养求真敬业的"四有"好老师(综合素质·德才兼修)。本课程深挖课程思政内涵建设,发掘课程思政元素,立德树人,为美育事业添砖加瓦。

二、课堂教学改革思路与实践

(一)教学内容"三线"合力

本团队针对课程教学内容输入不够系统的痛点问题,积极探索,大胆革新。整合学科知识体系,明确育人目标,架构了知识线(Knowledge)、能力线(Ability)、思政线(Ideology)三大教学线条。形成了以能力线为主线,知识线为支撑,思政线为拓展的"A from K for I"立体格局。

1.知识线(Knowledge)搭建基础模块

课程依据钢琴教学过程中实际需要,基于教材但不限于教材,选定十四章教学内容,共25节理论学时、9节实践学时。(图1)

其中第五、七、八、九、十四章以学生实践为主,针对不同主题内容教授学生如何设计教学、组织教学、实践教学、反思教学。其他理论性章节,也多以研讨课堂为主,利用优质的课程资源,充分发挥学生主体作用,提升教学效果。(图2)

课程章节	课程内容	理论学时	实践学时
合计		25	9
第十四章	微课项目实录	0	2
第十三章	钢琴微课设计及教学方法	2	0
第十二章	备课——乐谱的研究	2	0
第十一章	音乐风格的表现	2	0
第十章	钢琴教学中踏板的运用	2	0
第九章	钢琴古典奏鸣曲的教学	1	1
第八章	钢琴复调作品的教学	1	1
第七章	数码钢琴集体课教学实践	0	2
第六章	数码钢琴集体课教学理念及设计	2	0
第五章	初学阶段的钢琴教学	3	3
第四章	钢琴课堂教学的基本方法与内容	2	0
第三章	钢琴的基本演奏技法及其发展历史	4	0
第二章	钢琴制造的发展	2	0
第一章	绪论及实训平台操作介绍	2	0

图1 教学内容知识线脉络图

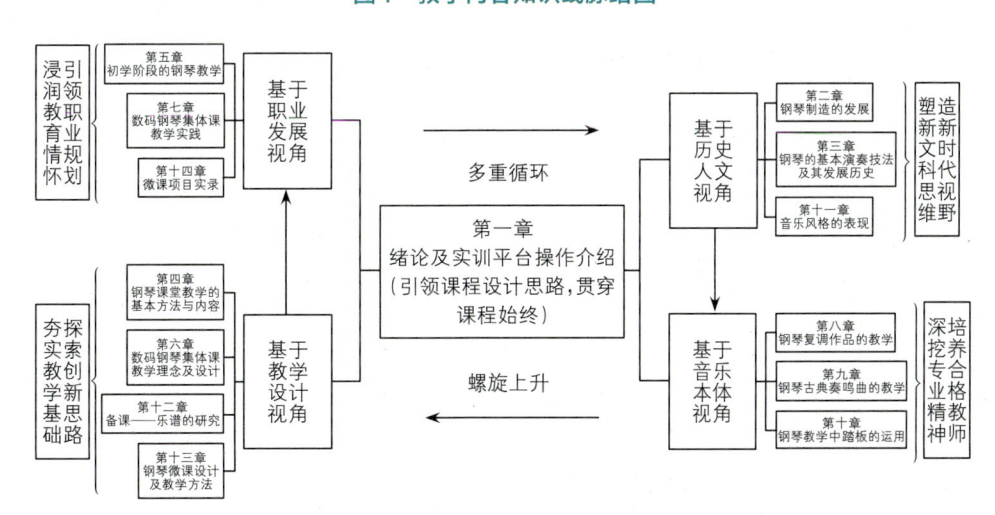

图2 教学内容知识线逻辑关系图

基于学情及痛点分析,探索新文科视域下课程内容重组,从不同视角、不同阶段、不同维度出发,多重循环、螺旋上升,构建全面、成体系的知识输入网络。

2. 能力线(Ability)夯实教学本体

本课程以培养学生专业的教学能力为主线,以1+X模式贯穿学生学习始终。1即为教学能力,X为对应的知识模块,在各类知识模块支撑下,突出本课程的核心思想——学会钢琴教学,构建完整的教学能力体系。(图3)

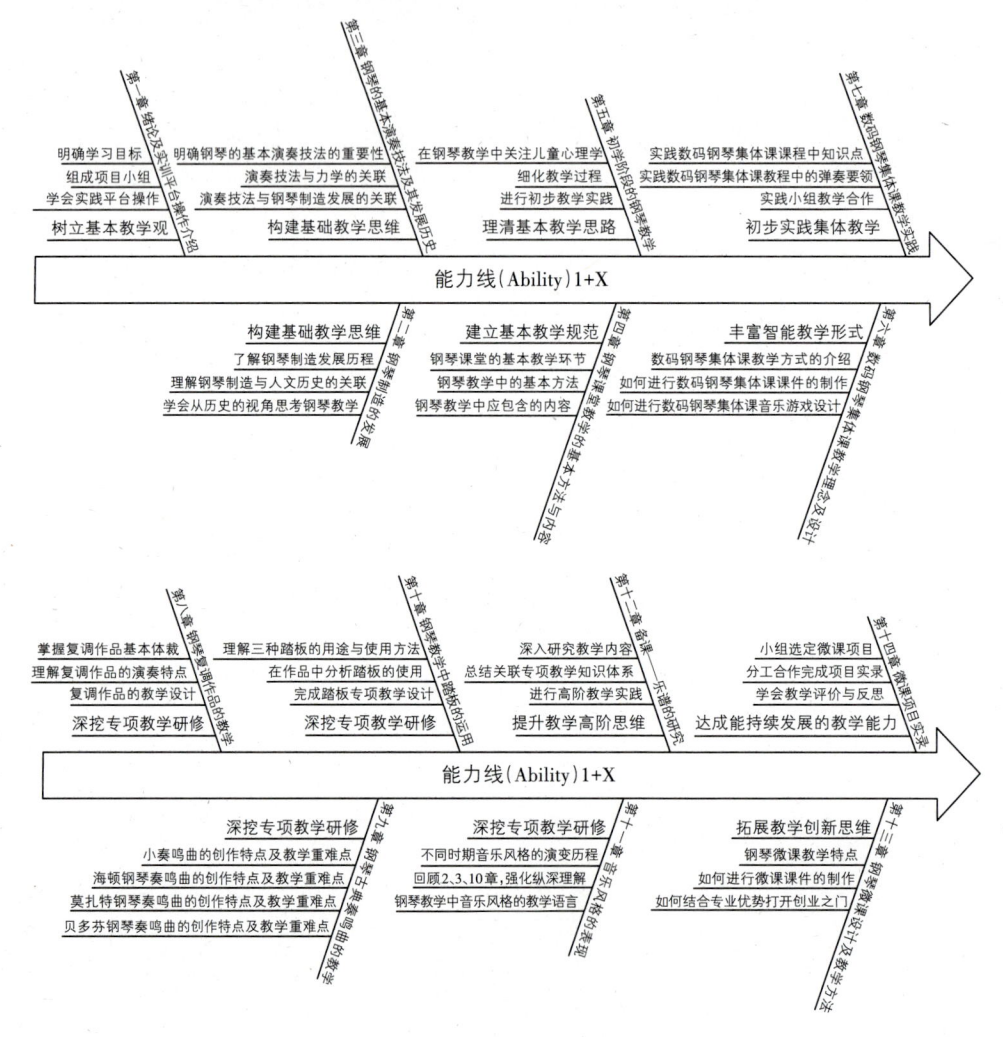

图3 教学内容能力线与知识线逻辑关系图

3. 思政线(Ideology)引领素质拓展

本课程紧扣"以美育人、求真创新、敬业奉献"课程思政目标,全方位挖掘课程思政元素。确立师德师风、专业精神、人文素养;协作精神、思辨意识、创新精神;教育情怀、爱岗敬业、奉献精神的思政元素线条。(图4)

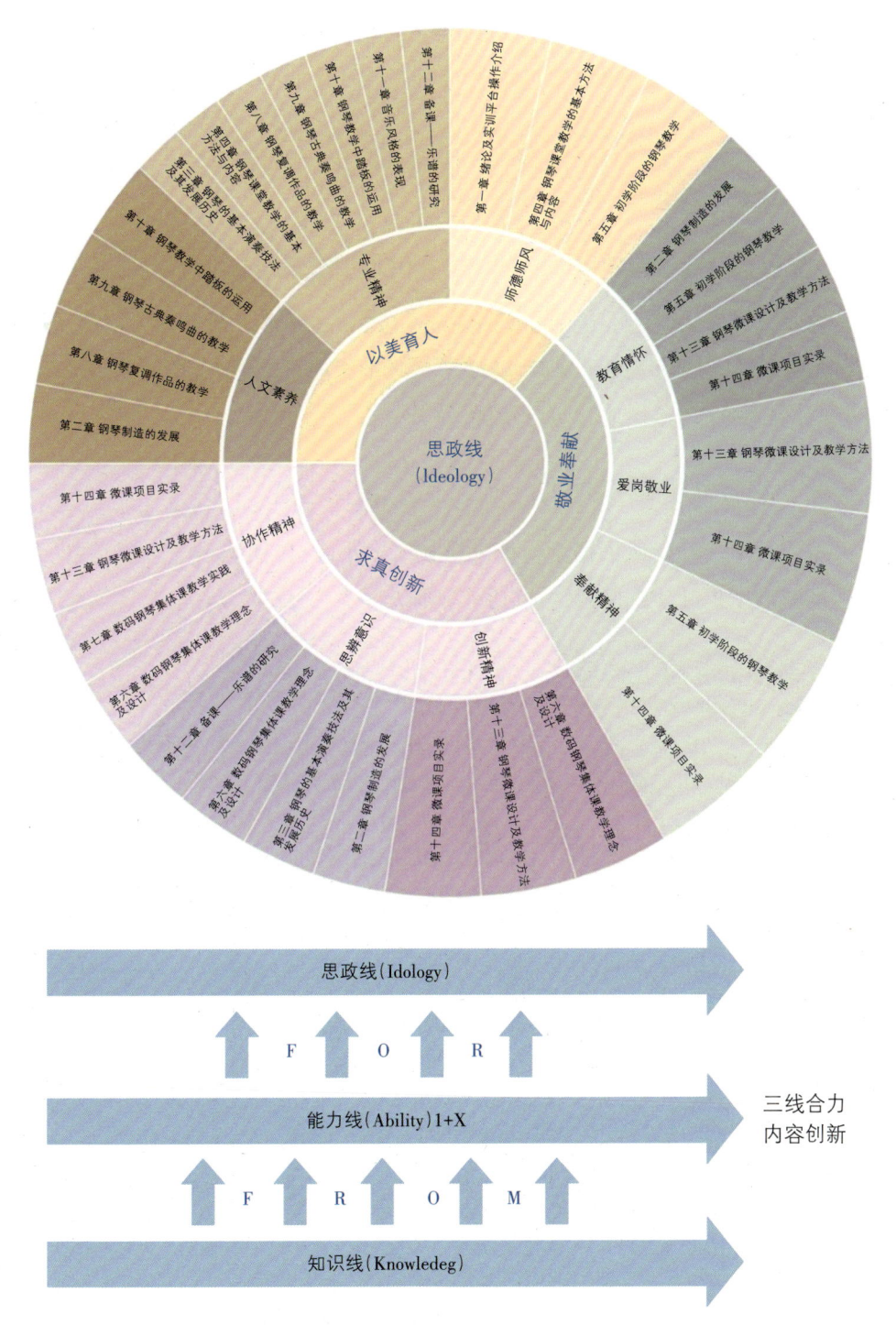

图4 思政线与知识线、能力线逻辑关系图

教学内容"三线"交织并行，以知识为基础，通过一系列活动，注重提升学生学习能力、思辨能力、探究能力，塑造专业精神及人文素养；将理论学习与教学实践相结合，充分挖掘资源平台，教学做合一，提升学生实践能力、沟通交流能力,塑造创新精神及协作精神;践行社会主义核心价值观,以美育人,培养学生良好的师德师风、教育情怀、高度的社会责任感及使命感,塑造敬业精神及奉献精神。

(二)教学模式"五维"循环(图5)

1.PTL教学,全员参与(Engagement),学生中心

参与式教学/学习(Participatory Teaching/Learning, PTL),教师通过组织、设计问题或"活动",让学生卷入课堂,转变学生听讲式的被动学习,全面调动学生积极参与,探索性、创造性地学习与发展。

2.小组研学,全面探究(Exploration),深挖内涵

本课程从一开始便依据学生情况搭建研学小组,以团队形式开展学习。在参与的基础上提升学生探索精神、协作精神。

3.教学试讲,输出解释(Explanation),能力为先

师生全员沉浸式投入,学生基于对知识深度思考,归纳整理提炼,每个模块以教学形式完成知识输出,以此达成能力线上的培养目标。

4.资源建设,能力迁移(Elaboration),拓展创新

本课程以校企合作为抓手,拓展实践平台。先后与卡西欧(中国)贸易有限公司、于斯教育科技有限公司、重庆市钢琴博物馆、重庆市斯威特钢琴有限公司、重庆市道明教育科技有限公司展开实训项目的建设,将专业和创新创业融合,实现知识向运用的迁移,将教学成果推向社会、服务社会。

5.定性定量,全程评价(Evaluation),持续发展

设计科学的评价生态,通过全程不断评价,由时时了解学生学习动态,检验教学成效的初阶目标过渡到全方位反思教学,促进课程良性发展的高阶目标。

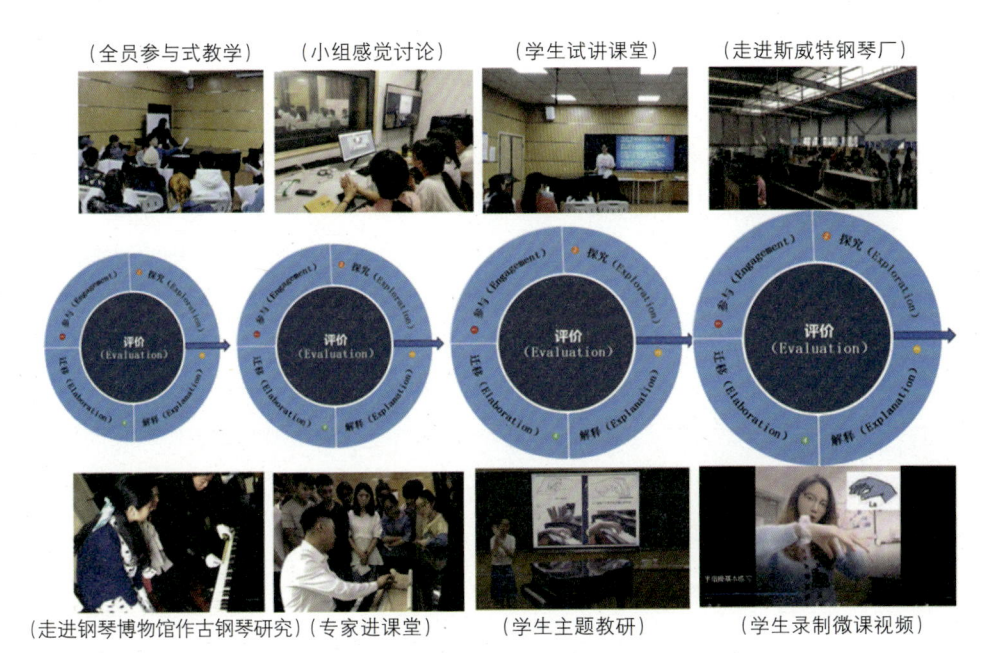

图5 循环进阶式"五维"教学模式

(三)教学评价"四面"俱到

本课程建立了定量、定性的双轨评价机制,针对评价体系不完善的教学痛点,设计自我评价、生生互评、教师评价、社会评价等"四面"评价系统,贯穿培养全程,覆盖全方位。(图6)

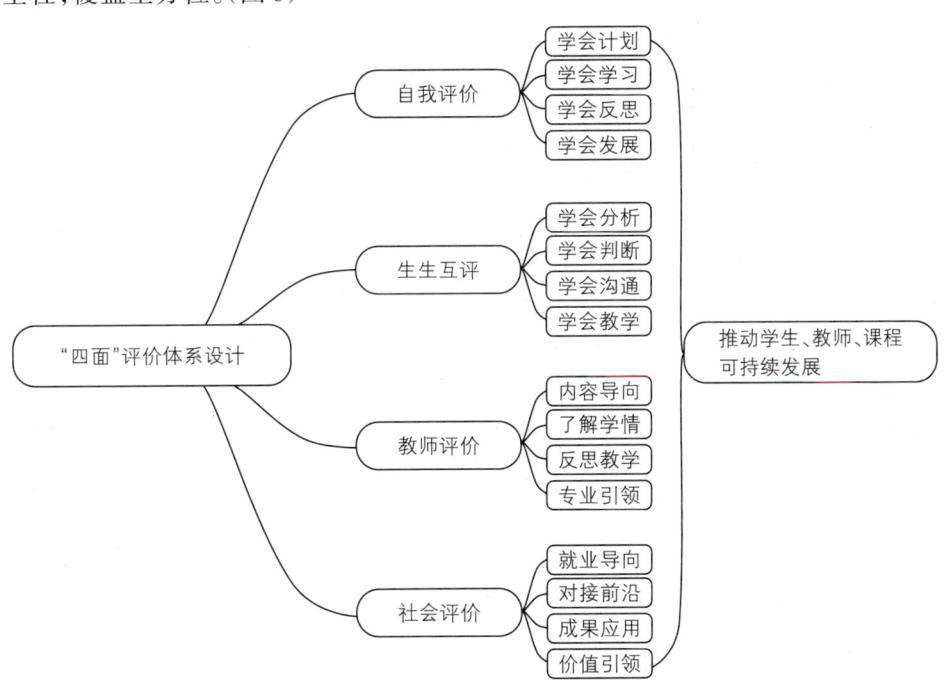

图6 "四面"评价体系设计理念导图

课程考核评价分为"平时成绩"(40%)+"期末成绩"(60%)。"平时成绩"注重过程性,包括课堂表现、书面作业、教学实践等。"期末成绩"主要通过项目完成考查学生的教学能力、教学设计、教案撰写、微课录制、教学反思等。

学生评价以量表为标准,结合教学内容有机开展。(图7)教师评价基于不同环节,采用多种方式进行。社会评价基于实践陪练平台,学生每周完成陪练项目,以陪练对象(小学生)评价为主(5星评价)。

自我评价量表				
姓名		学号		
小组分工				
内容	评价标准			得分
自主学习	5分:对本章节知识有清晰的认识,能完成对知识部分的讲解。 4分:对本章节知识有初步的认识,但不能用语言流畅解读。 3分:对本章节知识比较模糊,资料收集不足。			
课堂参与	5分:积极参与课堂研讨,在小组合作中起到核心作用。 4分:能融入小组研讨,参与教学活动。 3分:小组参与度不够,发言较少。			
知识掌握	5分:通过课堂学习,对本章节知识有了更深入的理解,能对知识进行迁移。 4分:通过课堂学习,对本章节知识有了正确的理解,尚不能发散。 3分:通过课堂学习,对本章节知识仍存在不理解、模糊的情况。			
教学能力	5分:通过课堂学习,能将本章节知识自然合理地用于钢琴教学。 4分:通过课堂学习,能明白本章节知识在钢琴教学中的作用,尚不能完成输出。 3分:通过课堂学习,还不会将本章节知识用于钢琴教学当中。			
收获与感悟	5分:通过课堂学习,有明确的人生感悟,获益匪浅。 你的感悟:_____ 4分:通过课堂学习,有模糊的感悟。 3分:通过课堂学习,没有感悟。			
总分				

生生互评评价量表		第　　组
内容	评价标准	得分
自主学习	5分:对本章节知识有清晰的认识,能完成对知识部分的讲解。 4分:对本章节知识有初步的认识,但不能用语言流畅解读。 3分:对本章节知识认识得比较模糊,资料收集不足。	组员1: 组员2: 组员3: 组员4:
课堂参与	5分:积极参与课堂研讨,在小组合作中起到核心作用。 4分:能融入小组研讨,参与教学活动。 3分:小组参与度不够,发言较少。	组员1: 组员2: 组员3: 组员4:
知识掌握	5分:通过课堂学习,对本章节知识有了更深入的理解,能对知识进行迁移。 4分:通过课堂学习,对本章节知识有了明确的理解,尚不能发散。 3分:通过课堂学习,对本章节知识仍存在不理解,模糊的情况。	组员1: 组员2: 组员3: 组员4:

续表

生生互评评价量表		第　　组
内容	评价标准	得分
教学能力	5分：通过课堂学习，能将本章节知识自然合理地用于钢琴教学。 4分：通过课堂学习，能明白本章节知识在钢琴教学中的作用，尚不能完成输出。 3分：通过课堂学习，还不会将本章节知识用于钢琴教学当中。	组员1： 组员2： 组员3： 组员4：
素质养成	5分：通过课堂学习，有明确的人生感悟，获益匪浅。 4分：通过课堂学习，有模糊的感悟。 3分：通过课堂学习，没有感悟。	组员1： 组员2： 组员3： 组员4：
总分	组员1：　　组员2：　　组员3：　　组员4：	

图7　学生评价量表

（四）信息技术赋能教学

开辟智能+课堂，打破时间、空间局限。信息获取来源不仅局限于教师，充分发挥公共平台资源优势，利用线上资源自主吸取更多营养。在课堂上设置场外连线板块，邀请知名教授、行业专家走进课堂；与兄弟院校展开项目互动，推进交流。在课后运用实训APP平台，进行网络陪练项目实操，或录制微课视频，发布于公众平台，完成教学实践。(图8)

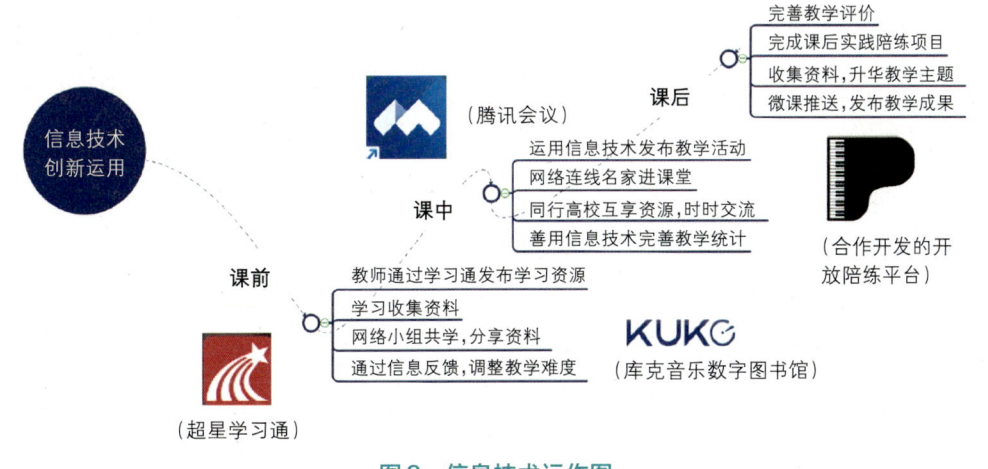

图8　信息技术运作图

三　教学改革效果与推广

本课程现为省级一流本科课程、省级本科高校课程思政示范项目，教学做合一，真正做到学生为本、价值引领、持续发展。课程研修期间，在老师指导下，学生完成多系列教学视频的录制,直接通过公益平台,服务于社会。每届学生录制的优秀微课视频,亦可作为后续课程的教学素材资料。真正实现课程师生共建,并达到课程自身不断迭代完善,自然生态地可持续发展。

(一)能力有提升,学生收获大

通过"教学研做、知行合一"的教学改革,以课程思政为引领,学生学习主动性、协作能力、创造性得到极大提升,学生师德修养、教育情怀得到进一步培养。许多学生毕业后进入社会音乐美育领域工作,为新时代美育教育添砖加瓦。部分同学成为光荣的人民教师,发挥专业优势,开发特色兴趣课程。在2018年全国普通高等学校音乐教育专业本科学生基本功展示中获得团体三等奖、个人全能二等奖、三等奖以及微课单项奖的殊荣。(图9)

图9 获奖学生微课

(二)团队凝聚强,教师产出高

在师生共建可持续发展模式下,本课程教研成果丰富。近5年教学团队主持省级教改项目3项,省级社科项目1项,主持市文联主题文艺创作扶持项目1项,主研省级项目2项。发表论文20余篇,其中4篇收录于核心期刊。出版教材2部。获市级教学创新大赛三等奖、校级教学创新大赛一等奖、校级教学成果三等奖等。

(三)社会服务多,行业认同好

通过多年教学积累,教学团队带领学生做了大量的公益活动,学生教学能力强,爱岗敬业,获得诸多好评。产教融合,与多个企业深度开发市场项目,是行业对本课程教学质量高度肯定的有力证明。

民族民间舞课程思政示范案例

课程负责人｜王思斯

一、课程思政教学设计情况

本课程深入贯彻习近平总书记关于教育的重要论述和全国教育大会精神，落实新时代高校民族团结教育，以"立德树人、育人育才"为建设目标，培养应用型技术人才。

思政建设方向与重点主要以弘扬民族传统文化、加强民族团结、开展红色主题教育、非遗舞蹈传承与发展等内容为核心，将课程章节知识点与思政元素全面有机融合，线上突出理论教学，通过舞蹈概论、作品赏析等剖析民族民间舞历史文化内涵，线下教学以实践环节为主，运用肢体语言诠释民族精神、彰显民族魅力、树立民族自信、培养学生的人文情怀与审美创造。（图1）

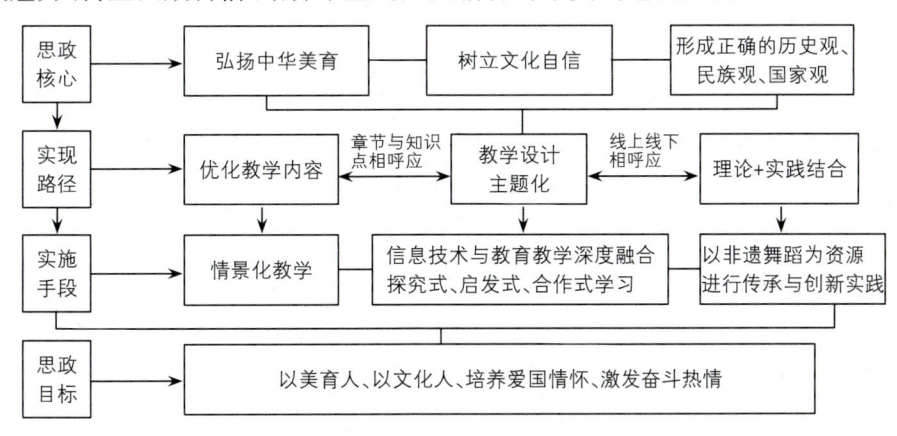

图1 课程总体设计思路图

本课程将价值塑造、知识传授和能力培养三者融为一体,其具体目标为:

知识目标:了解民族文化及地域风情,感受舞蹈艺术的魅力与民族精神的体现,提升学生的舞蹈素养与人文精神。

能力目标:具备舞蹈身体表现能力、讲解能力及示范能力,增强文化自信、树立民族自豪感、培养学生深度分析、大胆质疑、勇于创新的精神和能力。

思政目标:通过民族民间舞的审美熏陶及民族精神风貌的体现,陶冶学生高尚情操、自觉肩负起传承和弘扬中华传统文化的历史使命,形成正确的人生观并具备良好的职业素养。

二 课程思政教学实践情况

(一)形成"点、线、面"为一体的课程教学体系

课程内容结合思政元素分知识点导入,学生采取线上自主学习与线下实践锻炼相结合,始终贯穿及夯实思政教育这一条主线,深挖民族民间舞课程思政的三个内涵层面:即立德树人、以美育人、以文化人;不断完善课程教学建设,实现思政教育与舞蹈专业教育的有机统一。(图2)

课程章节	课程思政元素
第一章 走进非遗之美"安徽花鼓灯"	弘扬非遗文化、激发奋斗热情
第二章 舞动秧歌之情"东北秧歌"	舞动民族之情、发扬民族精神
第三章 齐鲁礼仪之邦"海阳秧歌"	树立民族自信、激发爱国情怀
第四章 三弯九动十八态"胶州秧歌"	体会民族情感、增强文化认同
第五章 长善袖舞"藏族舞蹈"	探寻民族文化、共筑民族团结
第六章 西域风情"解读维吾尔族舞蹈"	感受民族风情、彰显民族魅力
第七章 眉目传情"维吾尔族舞蹈元素"	通过团结协作、激发创新思维
第八章 鹤步柳手"朝鲜族舞蹈"	提升审美意识、培养人文素养

图2 课程思政教学设计

(二)加强思政教育与专业教学的深度融合

1.深入梳理和挖掘民族民间舞课程的思想政治教育元素,明确专业课程的思想政治教育教学理念,让学生了解民族舞蹈历史、明确三观、树立民族自信、弘扬民族精神。

2.解决专业课程教学目标与思政课程目标的有机协同问题,通过民族民间舞蹈文化知识的讲解渗透和舞蹈技能的实践相结合,让学生感受和鉴赏民族之美,提升学生的审美能力。

3.民族资源与思政资源结合,通过课程章节的知识点导入,了解民族地域风情、让学生掌握舞蹈的风格特点、感受民族信仰、传承并弘扬民族文化。

4.专业内容与红色资源结合,通过舞蹈赏析及案例分析,将红色文化及价值观塑造融入教学中,激发学生爱国主义情感和奋发向上的人生态度。

5.小组讨论及团队协作,在舞蹈排练的过程中,促进学生团队协作能力、培养集体责任感。

(三)打造浸润式课程思政教学环境

1.采用线上线下混合式思政教学模式

线上采用案例式、专题式等教学设计,从民族情感,民族文化内涵中剖析其民族共性,传承发扬民族精神,厚植爱国情怀;线下教学以合作式、探究式教学为主,激发学生创新思维,培养奋斗精神。混合式教学凸显"情感态度和价值观",关注"过程与方法",落实"知识和能力",贯彻"知行合一"的教育理念。(图3)

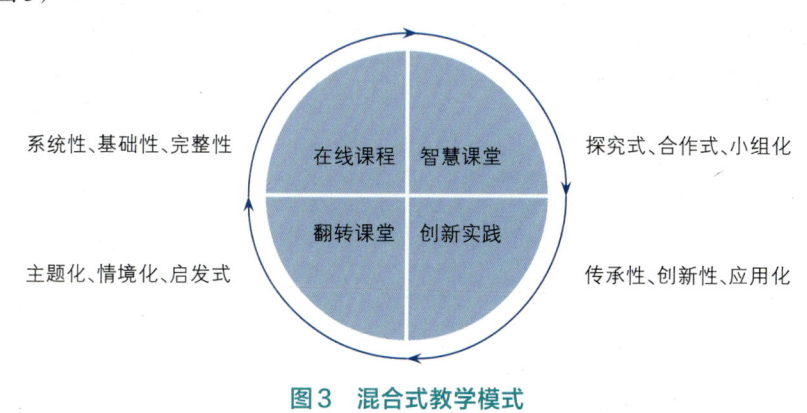

图3 混合式教学模式

2.创新思政实践,以身体力行践行课程思政

①以活动主题为主的思政实践:在少数民族传统节日、建党周年等重大节日开展民族团结、爱国教育等主题活动,传承发扬民族文化、培养爱国情怀。

②以调查研究为主的思政实践:结合思想政治教育内容在实习单位及社会展开调研或下乡锻炼,引导学生正确认识社会、服务社会,培养良好的职业道德与人文素养。

③以观摩为主的思政实践：通过观摩经典红色舞剧、参观爱国主义教育基地等实践，感知中国力量、激发奋斗热情、实现中华民族伟大复兴的中国梦。

④产教融合的思政实践：结合学生发展及行业需求，依托学校实践基地平台，全面践行党的教育方针，助力乡村振兴美育教育，全面推进校内外育人的课程思政教育实践。

三、课程评价与成效

（一）课程考核评价机制

1.注重以过程性考核为主的考核评价制度，过程性考核成绩（平时成绩）占40%，终结性考核（期末考试）占60%。

2.注重线上线下相结合的教学全过程考核，线上以思政知识点考核为主，在期末考试与平时作业中融入思政教育，线下以思政实践考核为主，通过作品分析、舞蹈展示、组合编创等形式深入践行思政教育。

3.建立了四位一体的多元化评价考核机制，即期末考核、小组讨论、社会实践、思政教育考核有机结合，从知识摄取到行为实践形成全方位的思政考核体系。

（二）课程评价

1.课程不断改革与建设，荣获校级精品课程、校级在线开放课程、重庆市民族团结进步教育优质示范课。

2.课程深受学生喜欢，每学年评价结果等级均为优秀。

3.搭建乡村振兴美育教育实践平台，学生定期到周边小学进行艺术教育教学，推进乡村振兴美育教育的普及与推广，期间学生综合能力不断提升，深受行业一致好评，毕业生就业率达到90%。

（三）改革成效及示范辐射

教师团队及学生在重庆市大学生艺术展演及重庆市舞蹈比赛中多次荣获佳绩，原创舞剧《记忆陶行知》获得业界一致好评，在众多高校中脱颖而出，凸显了思政融入课程的实践性与应用性，在专业建设、树立行知教育品牌方面起到了重要作用。课程不断建设期间，先后荣获校级精品课程、在线开放课程、重庆市民族团结进步教育优质示范课。

四 课程特色与创新

(一)采用专题化教学,形成贯彻育人思政核心

开展传统文化、民族文化、地域文化、红色文化等专题教育,结合国家时事不断完善思政教学,本课程开展的《舞动民族情,共筑中国梦》专题教学荣获重庆市民族团结示范课二等奖;通过课内外专题式教学强化民族认同感,帮助学生厚植家国情怀、激发爱国热情。

(二)坚持以美培元,构建美育实践育人机制

在课程中围绕"以舞育人,以美化人"弘扬中华美育精神,在美育教育中陶冶情操、拓展思维、激发创造力。近年来教师团队及学生在重庆市各类舞蹈比赛中多次荣获佳绩,凸显专业特色以赛促学,以探索发现、创造求新为主要实践内容,引导学生自觉传承和弘扬中华优秀舞蹈文化,全面提高学生的审美和人文素养。

(三)"立陶创特"打造行知文化教育品牌

在课程实践中打造的校本原创舞剧《记忆陶行知》获批重庆市文艺资助项目,该舞剧向世人呈现陶行知先生伟大的教育思想理念以及博大深厚的精神世界,弘扬爱国主义精神与革命热情,思政建设中不断秉承学校办学之本,将校园文化、校史、校训作为思政元素载体贯穿,全方位打造我校行知教育的生动名片,让行知文化成为弘扬传统美德、培育民族精神的教育沃土。

中国声乐艺术之旅课程思政示范案例

课程负责人｜吉国强

一　案例简介

中国声乐艺术之旅课程属于2022年获批重庆市一流线上本科课程。该课程筹建于2017年12月，在重庆人文科技学院作为校级线上课程立项。经过两年的筹备和建设，于2019年10月正式上线重庆高校在线开放课程平台。经过六期开课，于2022年1月正式获批重庆市一流线上本科课程。

中国声乐艺术之旅是对笔者学术研究成果进行转化的一次实战性尝试，笔者希望通过中国声乐艺术之旅这门在线网络课程对"中国声乐艺术"学科知识在大学生中进行一次科普。主要分享我本人撰写的两篇有关"中国声乐艺术"相关学术论文，一篇于2013年9月在音乐类学术期刊《音乐研究》上发表的《中国声乐及其科学发声法之践行》(该篇论文被我国声乐教育家金铁霖教授高度评价为:《中国声乐及其科学发声法之践行》将引领中国声乐今后三十年)和另一篇2014年9月在中文核心期刊《江汉论坛》上发表的《中国文学传统与中国声乐》(该篇论文荣获重庆市第五届大学生艺术展演活动艺术教育科研论文音乐乙类"一等奖")。

中国声乐艺术之旅课程以习近平总书记在中国文学艺术联合会第十次代表大会的讲话以及党的十八大、十九大、二十大精神为指导。2016年10月，全球音乐教育联盟主席、原中国音乐学院王黎光院长在中国乐派高精尖创新中心成立大会上对中国声乐研究院的研究方向明确指出：中国声乐研究院应聚焦时代旋律最广泛传播的经典范例，研究思想性、艺术性、人民性在音乐作品中的有效规律，进一步探索中国声乐赢得受众、走向世界的路径。

王院长的讲话精神以极大的感召力和吸引力，立即引起了国内声乐界专家、学者的共鸣。我作为在大学一线的中国声乐演唱和教学理论研究从业者，深深地感知在习近平新时代中国特色社会主义理论创新大的时代背景下，研究中国声乐艺术的思想性、艺术性、人民性的重要性和必然性，对中国声乐艺术进行的理论创新研究是时代的呼唤，是中国声乐艺术学科建设和发展的需要，是构建习近平新时代中国特色社会主义理论的重要乐章。

这两篇学术论文主要解读了中国声乐科学发声法践行之密码和中国文学传统中的声与乐的关系。从中国声乐的高度来研究和解读中国声乐的相关背景、中国声乐科学性所涉及的相关学术名词、中国声乐科学性内涵、中国声乐的审美标准、中国声乐的相关代表人物、中国声乐的代表曲目、中国声乐的文学传统等，我将以《中国声乐及其科学发声法之践行》和《中国文学传统与中国声乐》两篇研究成果为学术支撑，展开对中国声乐相关学术问题的解读和分享。

中国声乐艺术之旅第一季三十一集共248分钟，原则上每集8分钟，5分钟理论知识点的讲解和3分钟经典曲目的欣赏，但其中有三集为保证讲解内容的完整性，我们也略作了调整。理论知识点主要针对中国声乐界已普遍认可的相关学术名词和文学传统相关知识进行介绍和解读，使观者了解中国声乐科学的发展现状和学术研究的高度。为了切实贯彻落实习近平总书记提出的"努力创作生产更多传播当代中国价值观念、体现中华文化精神、反映中国人审美追求，思想性、艺术性、观赏性有机统一的优秀作品"，我们的授课中所使用的30首经典中国声乐艺术作品都是从2019年中宣部公布的为庆祝中华人民共和国成立70周年优秀歌曲100首中遴选，选用的视频全部都是现场版演唱。从经典的中国声乐代表作品《国歌》《我的祖国》《在希望的田野上》到新时代经典中国声乐代表作品《强军战歌》《不忘初心》《共筑中国梦》《走在小康路上》等，充分体现"以学生为中心"的课程教学探索新模式，是践行习近平新时代中国特色社会主义思想，铸牢中华民族共同体意识的线上美育课程。

二 案例应用推广情况及校内外评价

在线网络课程中国声乐艺术之旅，在我校教务处和重庆市高校在线课程开放平台的精准指导下，已顺利开课七期，选课总人数4094人。除了重庆人文科技学院以外，还包括西南大学、重庆大学、河南大学、广西大学、重庆医科大学、重庆师范大学、云南师范大学、重庆邮电大学、重庆工商大学、重庆财经职业学院、重庆文理学院、重庆科技学院、长江师范学院、重庆航天职业技术学院、重庆三峡学院、重庆邮电大学移通学院、重庆职业技术学院、重庆工程学院、重庆工程职业技术学院、重庆医药高等专科学校、丽水学院、杭州医学院、重庆电子工程职业学院、大理学院等68所高等院校的学生选课。尤其是2022年1月，获批重庆市一流线上课程以后，第六期开课选课总人数高达到1837人，线上答疑讨论区师生互动交流发帖高达93343条。

当然，我们课题组根据选课实际需要，从2021年3月第四期开始，在我校开设线下课程"歌声里的中国"作为中国声乐艺术之旅线上教学的配套线下翻转教学课程，已成功开课四期，深受全校同学的欢迎。

三 案例特色创新情况

1.突出中国声乐艺术课程思政引领性：为铸牢中华民族共同体意识，该课程以习近平总书记在中国文学艺术联合会第十次代表大会上的讲话，党的十八大、十九大、二十大精神为指导，聚焦时代旋律最广泛传播的经典范例的思想性、艺术性、人民性，探索中国声乐赢得受众"以歌化人，以歌育人"的美育教育。

2.突出中国声乐艺术学术前沿创新性：该课程突出中国声乐艺术学科先进的学术前沿思想，是把论文写在课堂中的具体运用。该课程以吉国强同志的《中国声乐及其科学发声法之践行》和《中国文学传统与中国声乐》两篇原创研究成果为学术支撑，从中国声乐学术创新研究的高度解读中国声乐科学发声法之密码、中国声乐科学发声法的内涵、中国声乐的审美标准、中国声乐的相关代表人物、中国声乐的代表曲目、中国声乐的文学传统等。为该课程创作"14秒"课程专用音乐，该课程也是中国声乐艺术在普通高校本科学生的普及"美育"教育线上通识课程。

3.突出中国声乐艺术课程的"美育"功能：该课程以提升学生综合"美育"能力为重点，重塑中国声乐最前沿的先进教育理念，创新中国声乐线上教学方法，焕发中国声乐课堂新时代应有的生机与活力，依据学科教育特点，在我校开设配套线下课程歌声里的中国更好地发挥中国声乐艺术"以歌育人、以歌化人"的爱国主义主阵地、主渠道、主战场作用，教学效果很好。是对大学生"社会主义核心价值观"和"中国梦"的爱国主义"沉浸式"美育课堂的积极探索。

围绕"全"字做文章,聚焦"育"字下功夫
——重庆人文科技学院:思政为魂,夯实课程育人基石

王 璐 王改改 等

一 案例简介与背景

培养什么人、怎样培养人、为谁培养人?

党的十八大后,面向"两个一百年"奋斗目标,面对中华民族伟大复兴的中国梦,高校迫切需要答好时代问卷。

"要坚持把立德树人作为中心环节,把思想政治工作贯穿教育教学全过程,实现全程育人、全方位育人,努力开创我国高等教育事业发展新局面。"这句话语振聋发聩。

2016年12月,习近平总书记在全国高校思想政治教育工作会议上明确指出:"各门课都要守好一段渠、种好责任田,使各类课程与思想政治理论课同向同行,形成协同效应。"2017年,中共中央、国务院印发的《关于加强和改进新形势下高校思想政治工作的意见》再次强调了"课程思政"的重要性,明确指出:"坚持全员全过程全方位育人。把思想价值引领贯穿教育教学全过程和各环节,形成教书育人、科研育人、实践育人、管理育人、服务育人、文化育人、组织育人长效机制。"自2018年起,学校党政先后出台《落实高校思想政治工作质量提升工程实施纲要工作方案》《"课程思政"实施方案(暂行)》《关于进一步推进课程思政建设的行动计划(2021-2025)》,从顶层设计上谋划"三全育人",组织推进课程思政。

作为重庆市民办高校"三全育人"综合改革试点高校，学校坚守为党育人、为国育才使命，全面贯彻立德树人根本任务，全面落实"三全育人"综合改革，全面推进学校课程思政建设，创新课程思政"三三三三"模式，形成长效课程育人协同机制，产出一系列示范育人成果，进一步提高人才培养质量，培养了更多担当民族复兴大任的时代新人。重庆人文科技学院一直在用实际行动作答——切实做足育人大文章，唱响育人最强音，使教育教学更有温度、思想引领更有力度、立德树人更有效度。

案例现实意义

2016年12月，在全国高校思想政治工作会议上，习近平总书记指出："要用好课堂教学这个主渠道，思想政治理论课要坚持在改进中加强，其他各门课都要守好一段渠、种好责任田，使各类课程与思想政治理论课同向同行，形成协同效应。"习近平总书记的这一论断明确了新时代对思想政治理论课和其他各类课程提出的要求，为高等院校思想政治教育工作增添了新力量。课堂是大学生接受知识教育和价值观教育的主渠道，一直以来，大家普遍认为：思想政治理论课（简称"思政课程"）是承载知识教育与价值观教育双重维度的课程，其他课程不分担价值观教育的责任，因此，对大学生进行价值观教育的重担自然而然地落到了"思政课程"的身上。同时，高等院校的其他各类课程，都具有育人功能，同样具有丰厚的思想政治教育资源，专业课教师在教育教学过程中将这些潜隐的思想政治教育资源挖掘出来，使大学生在接受知识教育的同时，受到价值观的熏陶和洗礼，即"课程承载思政，思政寓于课程"，成为新时代下提升大学生思想政治教育实效性的一剂良药。

在中国高等院校课程建设中，课程的育人功能就体现在知识传授中内含价值引领，以知识传授与价值引领同步驱动的方式，达到价值观引导与专业教育步调一致，真正实现高等院校的各门各类课程都发挥育人功能。中国高等院校"课程思政"就是以马克思主义基本立场、观点及方法为基石，以课程为载体，以其他各门各类学科所蕴含的思想政治教育元素为融入点，以课程育人为主要形式，潜移默化地将价值观引导寓于知识传授与能力培养之中，旨在实现立德树人根本任务的教育理念。

三 案例解决的问题

学校"课程思政"建设虽然取得了一定的成绩,但仍然存在一些问题。

一是在建设推进层面上,虽然有学校党委领导,教务处主管实施,各二级学院按要求落实,但是仍未形成协同建设的合力,各二级学院由于党政班子对"课程思政"重视程度不一,学科、专业分散推进,教师自发研究组织,推进落实的实效参差不齐。

二是在实施层面,作为"课程思政"建设的主干力量之一,专业课教师理应自觉承担起这一责任,但是,在课堂教学中,部分专业课教师没能将知识传授、能力培养与价值引领有效结合起来,育人意识没有得到整体提升。

三是在育人效果层面,立德树人的关键在于如何有效地唤醒新时代大学生的"主体意识",但是,在"课程思政"推进中,"课程思政"缺乏校本特色,结合应用型人才培养定位不够,探索实践有误区,教学设计"不自然",教师的育人能力不足,部分大学生对专业课程蕴含的思政元素"不买单",反而消解了课程的育人功能。

四 案例措施与成效

要解决以上问题,学校"课程思政"在原有的建设基础上,还需要紧密结合"高素质应用型人才"的人才培养目标定位,凸显"人文""科技"名片,打造"知行合一"的课程思政校本特色,按照所有学科专业全面推进、所有课程全部覆盖、所有教师全员参与的基本原则开展"课程思政"改革试点工作。

(一)明确"三融合"建设目标:专业基础+能力培养+价值引领

应用型人才培养是学校服务区域经济社会发展的重要途径,以课程思政引领专业基础课学习,是丰富地方高校应用型人才培养的内涵的有效措施。任何一门课程都包含知识、方法与价值等三个维度:本学科的基础知识和基本概念体系;基础知识和基本概念体系背后蕴藏的思维方式与行为模式;该思维方式与行为模式背后潜隐的情感、态度与价值观。三种维度是相互联系、相互贯通、相互渗透的,有机地构成一个整体。任何一个维度目标的实现都是在于整体目标的相互联系中实现的。专业课程的"课程思政"元素蕴含着"启迪人们智慧、激发爱国热情、拥有社会正义感、负有社会责任感、具有文化自信、充满人文精神等价值范式的思政元素,"所以,勘探专业课程的育人元素,使专业课程的育人功能得到最大限度发挥是我校"课程思政"建设的关键。

一是强化普适性内容供给。学校的课程思政资源建设紧紧围绕坚定学生理想信念及政治认同、家国情怀、文化修养、宪法法治意识、道德修养等重点内容,系统进行中国特色社会主义和中国梦教育、社会主义核心价值观教育、法治教育、劳动教育、心理健康教育、中华优秀传统文化教育和"四史"教育;加强区域性内容供给,充分利用红岩精神、三峡移民精神等重庆红色文化资源,深入挖掘"感动重庆人物""重庆教书育人楷模""巴渝工匠"等典型人物和事迹中蕴含的思政元素;丰富校本内容供给,充分挖掘陶行知教育思想、校史校训、扎根乡村办学优良传统、应用型人才校友中的思政元素,不断充实课程思政教学资源,丰富鲜活课程思政教学案例。

二是严格课堂教学过程管理。学校组织开展了人才培养方案、课程(教学)大纲等教学文件的修订工作,切实将课程思政贯穿课堂授课、教学研讨、实验实训、作业论文等环节。各高校教学管理制度要充分体现课程思政建设要求,完善课堂教学标准、教学行为规范、教学督导听课、课程教学考核等规章制度,严格课堂教学管理。

三是深入推进现代信息技术在课程思政教学中的应用,激发学生学习兴趣。学校与"新华网"共建校本课程思政资源,并利用"超星"平台搭建校内在线课程思政资源平台。鼓励教师创新课程思政教学模式和教学方法,让课程思政元素浸润每一门课程的教学过程,使思政元素与专业知识自然交融,打造一批有高度、有深度、有温度的"金课"。强化"第一课堂"与"第二课堂"协同、"课内"与"课外"结合的教育模式,深入开展实习实训、社会实践、志愿服务等活动,不断拓展课程思政建设的新方法、新途径。建筑与设计学院将课堂搬到了"院坝",让应用赋能乡村,育人成果被多家媒体报道。

(二)构建"三联动"协同机制:专业教师+思政教师+基层党组织

育人工作是一项复杂的系统工程,并不是某类人员孤立进行的,而是众多育人组织机构和人员的协作。需要建立起专业教师是主体,思政教师协同推进,基础党组织带头落实的联动机制,将"课程思政"建设落到实处。

一是充分发挥专业课教师关键主体作用。"课程思政"建设能否有效地开展起来,专业课教师是关键,是主体。专业课教师只有意识到立德树人的重要性,才能将"课程思政"理念落到实处。在"课程思政"建设过程中,专业课教师不仅要对大学生进行专业知识传授和能力培养,还要恪守育人的职责。在教育教学过程中,专业课教师在对大学生进行理论讲授外,还要注重与大学生的交流和沟通,这就对专业课教师规范自身的言行、加强自身的道德修养提出了高要求。学校将教师思想政治工作考核纳入教师考核全过程,并作为评优评先的重要指标,要求教师担起"教书育人"使命。

二是推进思想政治理论课教师协同参与。成立校级虚拟教研室,思想政治理论课教师协助专业课教师强化立德树人意识,指导专业课教师深入地学习和掌握马克思主义,了解中国共产党制定的相关理论,具有家国情怀,保持高度的政治敏锐性,将时政热点问题与专业知识有机结合起来,体现社会进步的发展趋势;引导专业课教师学会用唯物辩证法、历史唯物主义等观点观察、分析和处理现实生活中的问题,对社会发展存在的问题保持理性、清醒的认知,固守马克思主义意识形态的底线,重视马克思主义对我国发展进步的指导意义。

三是基层党组织扮演好"带头人"的角色。坚持党委领导是学校进行"课程思政"建设的根本原则,校党委的力量是重中之重。各个二级学院基层党组织充分发挥党委领导作用,是引导教师开展"课程思政"的攻坚力量。二级学院基层党组织深刻探讨人才培养的基本要求和人才发展的内在规律,研究出适应新时代加强育人工作的有效措施重视"课程思政"建设,主动承担起贯彻落实"课程思政"教育理念的重任,以实际行动推动"课程思政"改革的顺利进行。校院两级一体化设计并实施课程思政、专业思政和学科思政工作,形成从课程思政到专业思政再到学科思政的建设路径。推动课程建设教师间、团队间结对共建,建立通识课、专业课、思政课等教师不同主体间的结对机制,形成建设合力。

(三)"三个专项"提升教师育人能力:专项教研+专项培训+专项评价

一是强化专项教学研究改革引领。建立了校级课程思政教学研究中心,鼓励各二级学院整合学科优势,探索学科交叉,成立校级课程思政教学研究学科分中心。通过"教研活动月"等基层教学组织活动,通过课程思政教学比赛、现场教学观摩和典型经验交流等,示范引领课程思政教学改革。设立校院两级课程思政专项课题。充分发挥教师发展中心和教研室、教学团队、课程组等基层教学组织作用,建立课程思政集体教研制度,常态化举办主题明确的示范课、说课、案例研讨或集体备课等教研活动,支持专业课教师与思政课教师合作开展教学研究,不断提升广大教师对课程思政的认知理解力和熟练应用度。教师课程思政教学研究改革能力不断提升,立项校级课程思政教改项目19个,获批市级课程思政教改项目22个。

二是落实全员专项培训。加强教师课程思政能力建设,按照专项培训与常态化培育相结合、领航带动与团队建设相结合的模式,实现全校教师全员培训、带动培养和整体成长。构建校院两级培训体系,分类分批开展教师培训,持续提升教师课程思政建设能力和水平。建立常态化课程思政教师培训机制,把课程思政建设要求和内容纳入教师岗前与在岗培训、师德师风与教学能力专题培训、交流互鉴、实践调研等环节,将课程思政能力提升融入所有教师专业成长全过程。一流学科、一流本科专业和一流本科课程建设须把课程思政建设作为重要指标,推动落实一流本科专业和一流本科课程负责人开展课程思政示范,提供示范课堂、典型案例,带动思政教育从"专人"转向"人人"。

三是探索课程思政专项评价。结合学校办学定位、人才培养和学科专业特点,注重强化包含知识、能力、素质的课程目标和课程标准建设,确保思政目标和思政要求在教学(课程)大纲、教案、教学设计等教学文件中有明确标准,健全课程标准审核和教案评价制度。把二级学院主要负责人抓课程思政建设情况纳入基层党政负责人述职评议考核内容。建立课程思政实施成效评价体系,将育人成效作为教师教学质量评价的第一指标,引导教师积极投入课程思政教学实践,把教师参与课程思政建设情况和效果作为教师绩效评价、岗位聘用、职称评定、评优奖励等重要内容。在教育教学成果奖、教材奖等各类成果的表彰奖励中,突出课程思政要求,把"教书"与"育人"落细落实。

(四)三类精品项目加强示范引领

一是评选课程思政优秀基层教学组织:一院一策课程思政,评选课程思政示范学院;结合一流专业建设评选课程思政示范专业;结合优秀基层教学组织建设评选课程思政示范教研室。二是建设一批课程思政示范项目:持续开展课程思政示范课程、教学团队、教学名师、优秀教学设计的建设与遴选工作。三是遴选一批课程思政优秀案例,汇编出版学校课程思政优秀案例集。

近年来,重庆人文科技学院思政工作始终立足"立德树人"的根本任务,着眼"培养什么人、怎样培养人、为谁培养人"的根本问题,课程思政"三三三三"模式取得了丰硕成果。学校开展校级优秀基层教学组织评选,将课程思政作为关键评选指标,获批市级优秀基层教学组织案例3个;立项校级"课程思政示范课程"98门、"课程思政教学团队"98个,获批市级课程思政示范课程9门、课程思政教学团队9个、课程思政教学名师55人。汇编出版校级课程思政优秀案例33个。荣获重庆市课程思政与思政课程(学科德育)优秀案例及论文奖12项;两门课程获铸牢中华民族共同体意识优质课一等奖。"中国声乐艺术之旅""带上文化去旅行"课程思政设计入选全国高校在线开放课程联盟联席会慕课十年典型案例;3门课程思政案例入选重庆市高等学校课程思政建设探索与实践案例集、重庆市高等学校"大思政课"优秀案例。重庆人文科技学院也是目前"金课"建设成效最显著的重庆民办本科高校。

  现如今,在重庆人文科技学院,教师们将红色故事、地方传统文化、乡村振兴、行知教育思想、筑牢中华民族传统文化意识等校本特色元素融入课程,校园内处处都是动人的思政课堂,时代精神和爱国情感流淌进每一位师生的心间。